Bekanntmachung

Heitere
und besinnliche
Geschichten
aus Steinau
gesammelt
von Gerhard Freund

Märchenstraßen-Verlag

© by Märchenstraßen-Verlag 1984
6497 Steinau a. d. Straße
ISBN 3-924798-02-8
Nachdruck, auch auszugsweise, nur mit Genehmigung des Verlages

Herstellung: A. Bernecker, 3508 Melsungen

Inhaltsverzeichnis

	Seite
Anna Reiners	4
Vorwort	5
Eine Steinauerin erinnert sich	6
Der „Milch-Lanz" und die Kuh des kleinen Mannes und andere Geschichten	16
„De Honger trieb's nei" Krankheiten – Hausmittel	21
Den Ersten Weltkrieg erlebt Inflation – Hunger – Not	29
Landwirtschaft – damals – Lustige Begebenheiten zwischen zwei schrecklichen Kriegen	34
Siedler am Stadtrand	56
Heil Hitler!	59
Zusammenbruch und Nachkriegszeit 1945–1948	64
Der Klapperstorch	80
Tollkühne Männer	82
Flammendes Inferno	83
„Bankräuber" am Stammtisch	84
Jäger beim Skat von Keiler überrascht	85
Unser Städtchen Steinau	88

*Anna Reiners.
Dieses Bild entstand im Jahre 1953.*

Dieses Steinauer Heimatbuch wäre ohne die exakten Aufzeichnungen von Frau Anna Reiners nicht in dieser Form möglich gewesen. Frau Reiners hat auf vielen handgeschriebenen Seiten aus ihrer Erinnerung ein wichtiges Zeitdokument erstellt und damit der Nachwelt ein Zeugnis lebendiger Heimatgeschichte hinterlassen. Die liebevollen Zeilen und Gedichte belegen darüber hinaus, daß sie sehr eng mit dieser Stadt verbunden war. Leider verstarb Frau Reiners im Jahre 1978, ihre Aufzeichnungen hat sie uns vererbt. Wir können davon ausgehen, daß die Veröffentlichungen in diesem Buch auch in ihrem Sinne sind.
Unser besonderer Dank muß daher ihrer Tochter Isolde gelten, die uns freundlicherweise ihre Unterlagen leihweise zur literarischen Verwertung überlassen hatte. Erich Reiners, der Sohn von Frau Anna Reiners, konnte zusätzlich einige lustige Geschichten aus seiner Erinnerung beisteuern und hat damit die Familientradition fortgesetzt.

DER VERLAG

Vorwort

Heimatgeschichte! Welch banaler Begriff für jahrhundertlange zwischenmenschliche Beziehungen im Leben einer Gemeinschaft. Gefühle, die sich nicht einfach in Worte kleiden lassen – Veränderungen, die nicht lückenlos verfolgt werden können – Abläufe, die sich zwangsläufig ergeben. Am Biertisch kommt den Männern die Erinnerung an die schrecklichen Erlebnisse während des Ersten Weltkrieges und den Hunger, den fürchterlichen Hunger! Kurz darauf Gelächter – ein derber Soldatenwitz. Prost!

Im Frisiersalon sitzen ein paar Frauen zusammen, jüngere und ältere. Die Katharina, an die 80 Jahre alt, erinnert sich an die Postkutsche, die Lisa ans „Latwergekochen" und die Marie an die vielen Heimatvertriebenen, Ausgebombten und Flüchtlinge im Jahre 1946. Und an die jüngeren gewandt: „Ihr habt ja überhaupt keine Ahnung, was wir früher ..."

Bei dem Georg, da liegen noch alte Fotos auf dem Dachboden im Schuhkarton! Ein Bild, da ist noch das Kriegerdenkmal auf dem Kumpen drauf, ein anderes, das zeigt die Herrenschmiede vor dem Pflegehaus. Da ist noch die Hauptstraße gepflastert und dort steht noch das alte Postgebäude. Wandlungen im Aussehen einer Kleinstadt, ausgelöst durch das Zusammenleben von Menschen beiderlei Geschlechtes und deren Aktivitäten.

„Bekanntmachung" heißt der Titel meines neuen Buches, so wie es früher der Ausscheller kundtat, wenn er etwas Neues zu berichten hatte. Besinnliche und heitere Geschichten, Ernstes und Humorvolles sollen die jüngere Vergangenheit unserer Märchenstadt etwas näher beleuchten. Wenn Sie so wollen, unter dem Motto: Heimatgeschichte, hautnah erlebt. Wieder habe ich ältere Mitbürger in unserer Stadt befragt und sie haben mir auch dieses Mal wieder viel Interessantes und Wissenswertes erzählt – aus ihrer Sicht und mit ihrer Erinnerung. Natürlich sind diese Schilderungen zwangsläufig nicht frei von ungewollter Subjektivität, denn Erleben geschieht immer von einer gewissen inneren geistigen Position heraus. Und wer kann sich schon nach 60 oder 70 Jahren im Alter noch so genau erinnern, ob ein Ereignis exakt in diesem oder jenem Jahr stattfand. Ist es nicht schon eine große geistige Leistung für unsere älteren Mitbürger, überhaupt noch Detailgeschehen über solche Zeiträume wiedergeben zu können? Ich möchte mich bei allen bedanken, die sich auch dieses Mal bereit erklärt haben, mir mit Textbeiträgen, Schilderungen oder Fotomaterial tatkräftig zu helfen. Gerne greife ich auch in Zukunft jede Anregung auf. Oftmals können ältere Menschen gar nicht ermessen, welche Kulturgüter sich in ihren „vier Wänden" befinden. Ich möchte Sie hiermit ermuntern, ja ich bitte Sie, doch einmal intensiv nachzuschauen – im Fotoalbum, im Schuhkarton oder im alten Ordner – ob Bilder oder Dokumente dabei sind, die in diesen heimatgeschichtlichen Bereich passen. Nur so kann es möglich werden, auch in Zukunft die Vergangenheit unserer Stadt aufzuarbeiten und dieses Buch fortzusetzen.

Besonders bedanken möchte ich mich bei der hessischen Landesregierung, bei Familie Sukrow und Familie Reiners, bei Herrn Karl Hellwig und der Chorgemeinschaft „Vorwärts" für die tatkräftige Unterstützung bei der Herausgabe des Buches. Meinem Kollegen, Herrn Oberstudienrat Falko Fritzsch aus Schlüchtern, möchte ich auf diesem Wege ein „Dankeschön" für die Mithilfe bei der Textgestaltung zurufen. Zwei Anmerkungen zum Inhalt muß ich allerdings noch machen, weil sie mir sehr wichtig erscheinen.

Sollten sich einzelne Steinauer durch die eine oder andere Geschichte persönlich betroffen fühlen, sie mögen es mit dem nötigen Humor ertragen. Im voraus ist ihnen meine Entschuldigung gewiß, denn jemandem „auf den Schlips treten", das wollte ich beileibe nicht. Einige alte Fotos sollen in die jeweilige Epoche einstimmen. Sie haben daher manchmal keinen unmittelbaren Bezug zum abgedruckten Text. Dennoch wollte ich diese Bilder dem interessierten Leser nicht vorenthalten; sie sollten das „Salz in der Suppe" sein.

So darf ich Ihnen viel Spaß beim Lesen dieses Buches wünschen und Ihnen wie der alte Ausscheller zurufen „Bekanntmachung! Es wird hiermit bekannt gemacht, ...!"

Eine Steinauerin erinnert sich

Der folgende Erlebnisbericht entstammt einem Lebenslauf von Frau Anna Reiners, den sie aus der Erinnerung vor ein paar Jahren aufgezeichnet hat. Frau Reiners wurde im Jahre 1898 geboren und kam als knapp vierjähriges Mädchen nach Steinau.

Sie schildert sehr viele Einzelheiten über ihre Heimatstadt im Laufe von mehr als 70 Jahren bis zu ihrem Tode im Jahre 1978. Ich habe aus diesen detaillierten Unterlagen einige Schilderungen ausgewählt, die mir für die Darstellung damaliger Verhältnisse typisch und für die Nachwelt interessant erschienen. Die Texte sind für die Drucklegung geringfügig überarbeitet und betitelt worden. Dazwischen habe ich immer wieder lustige Begebenheiten aus der von Frau Reiners geschilderten Epoche eingeflochten. Die Anekdoten, Geschichten und Tatsachenberichte sind mir von zahlreichen Mitbürgern übermittelt worden. Ihre Namen sind am Ende dieses Buches aufgelistet.

Kindheit und Schulzeit

Im Frühjahr 1905 kam ich in Steinau zur Schule; die Schulräume befanden sich im oberen Stockwerk des alten Rathauses. Jeder ABC-Schütze erhielt am ersten Schultag ein Palisädchen, wohl um die Angst vor der Schule und der neuen Umgebung etwas zu mildern.

Lange Zeit sah der „Kumpen" aus wie auf diesem Bild. Das Foto stammt aus dem Jahre 1929.

Im Frühjahr 1906 zogen wir ins Schloß um und bewohnten dort ein ganzes Haus. Außer der geräumigen Wohnung standen uns auch einige Ställe zur Verfügung, und so konnten wir uns wenig später allerlei Kleinvieh wie Ziegen, Hühner, Gänse und sogar ein Schwein anschaffen. Die Miete war mit 20 Mark für drei Monate außerordentlich niedrig.

Zwischenzeitlich hatte mein Vater die Arbeitsstelle gewechselt. Seither Vorarbeiter bei den Waldarbeitern, ging er jetzt zur Bahn und war fortan am Bahnhof Steinau tätig.

Am 2. Juni 1909 bekamen wir eine kleine Schwester namens Gretchen, nachdem mein Bruder Peter fast vier Jahre alt war. Meine Mutter verlangte schon allerlei Hausarbeiten von mir: Geschirrspülen und die Küche in Ordnung halten, den Peter beaufsichtigen und das kleine Gretchen versorgen. Sie selbst mußte nachmittags aufs Feld oder hatte im Garten zu tun.

Nun sag mal Bäääh ...!

Für die Kinder ab drei Jahren befand sich im Erdgeschoß des Rentereigebäudes eine Kleinkinderschule, welche von einer stattlichen Anzahl Kindern besucht wurde. Die Leiterin war Marie Dillenburger, ihre Nachfolgerin Schwester Pauline, und als Helferin fungierte Kathrine Wend; letztere wanderte später nach Amerika aus. Das schulpflichtige Alter begann am 1. Oktober und endete am 30. September. Die Einschulung erfolgte immer nach den Osterferien, so manches Kind war erst 5½ Jahre alt.

Als ersten Buchstaben übten wir das „i". (i)
„Rauf, runter, rauf,
Pünktchen obendrauf"
Wir sagten den kurzen Zweizeiler immer wieder leise vor uns hin. Unsere Schulräume für die ersten fünf Klassen waren im ersten Stock des Rathauses. Für die Jahrgänge sechs

Schulklasse 1927 (Jahrgang 1919/20). Wir erkennen Mädchen von links: Dora König, Hilde Sandvoß, Ruth Ballenstedt, Lisa Röder, Anna Creß, Ada Tilemann, Käthchen Eyrich, Else Ries, Marie Buß, Elisabeth Spahn, Marie Denhard, Käthchen Fink, Elli Blum, Else Obmann, Luise Geschwindner. – Knaben von links: Heinrich Rüffer, Fritz Amend, dahinter Hans Stoppel, Fritz Euler, Heinrich Lotz, dahinter Heinrich Müller, Peter Klöber, Hans Schmidt, Kurt Gold, Karl Eckhardt, Arnold Geier, Fritz Ruth, Heinrich Hellwig, Georg Wagner, dahinter Alfred Heinze, Wilhelm Kirchner, Konrad Buß und Lehrer Paul Hix.

Hintereinander wie die Orgelpfeifen und nach Größe geordnet stehen sie da: die Buben aus dem 2. Schuljahr im Jahre 1941.

bis acht fand der Unterricht im ersten Stock der Renterei statt.

Drei Jahrgänge der Buben hatte Lehrer Stück zu unterrichten. Er war als strenger Lehrer bekannt, der gut mit dem Rohrstock umgehen konnte. Die Mädchen der ersten drei Jahrgänge unterrichtete Lehrer Wagner, er war nicht so streng. Wir hatten eine Schulkameradin, die sich nie am Unterricht beteiligte. Lehrer Wagner rief sie von Zeit zu Zeit plötzlich auf. Wenn sie stand, sagte er: „Nun sag mal Bäääh!" Sie sprach das Wort und durfte sich dann wieder hinsetzen. Natürlich lachte die ganze Klasse.

Morgens um 6.45 Uhr läutete der Schuldiener Herboldt für uns Schulkinder das Glöckchen im Uhrturm der Katharinenkirche. Um 7 Uhr war pünktlich Unterrichtsbeginn, nur im Winter ging es eine halbe Stunde später los, dafür wurde mittags statt um 12 Uhr erst um 12.30 Uhr Schluß gemacht. Schulferien gab es zwei Wochen zu Ostern, vier Wochen Sommerferien, drei Wochen im Herbst und zwei Wochen Weihnachtsferien.

Mit neun Jahren bekamen wir Mädchen bei Fräulein Denhard Handarbeitsunterricht. Wir lernten Stricken, Häkeln und Nähen. Und im Mai oder Juni, wenn das Wetter beständig und schön war, schrieben wir folgendes Verschen an die Schultafel:

„Der Himmel ist blau, das Tal ist grün,
Herr Lehrer, wir wollen spazieren geh'n!
Wir wollen lieber schwitzen,
als auf der Schulbank sitzen,
bitte, bitte, bald,
sonst wird es wieder kalt!"

Es dauerte auch nicht lange, und wir machten eine Wanderung. Lehrer Thiel führte uns meistens hinauf nach Seidenroth. In der Gaststätte Lotz kehrten wir ein und löschten unseren Durst. Frau Lotz holte dazu einige Flaschen Himbeersaft aus dem Keller; das Glas voll kostete zehn Pfennige. Und für den zweiten Groschen gab es noch Bonbons oder ein paar Schokoladeplätzchen. Zur Mittagszeit marschierten wir wieder nach Hause.

Im vorletzten Schuljahr besuchten wir mit Lehrer Wagner die Salzsalinen in Bad Orb. Es war unser schönster Ausflug. In zwei Leiterwagen mit Laubdächern aus Buchenzweigen und rassigen Pferden davor ging die Fahrt los. Wir saßen auf langen Brettern, die beidseitig an den Rungen der Wagen befestigt waren, und sangen flotte Marschlieder. Leute, die uns begegneten oder auf den Wiesen Heu machten, winkten uns zu und hatten ihre helle Freude an uns. Die holprigen Straßen konnten unsere Stimmung nicht trüben.

Abends erzählten wir noch lange von dem schönen Ausflug nach Bad Orb.

Oft kamen Thüringer Glasbläser in die Schule, um ihre handwerkliche Kunst zu zeigen. Für einen Groschen, manchmal auch für nur fünf Pfennige, ließen sie uns zuschauen, wie sie die Gefäße aus flüssigem Glas herstellten.

Am 27. Januar, Geburtstag des Kaiser Wilhelm II., war schulfrei. Sein Bild, auch das Bildnis seines Vaters Friedrich Wilhelm und seines Großvaters Wilhelm I. wurden mit Tannengrün und Efeuranken geschmückt. Um 8 Uhr begann die Feierstunde mit einem Lied:

„Der Kaiser ist ein lieber Mann,
er wohnt in Berlin,
und wär' es nicht so weit von hier,
so ging ich heut' noch hin!"

Die weiteren Strophen kenne ich leider nicht mehr. Dann folgten patriotische Lieder wie „Heil Dir im Siegerkranz", „Oh Deutschland, hoch in Ehren"!

Zwischendurch erzählte uns der Klassenlehrer Episoden aus dem Leben des Kaisers. Mit dem Lied „Üb' immer Treu und Redlichkeit bis an Dein kühles Grab" wurde die Feier beendet.

In ähnlicher Form ist auch der Sieg von Sedan vom 2. September 1870 alljährlich gefeiert worden.

Im letzten Schuljahr hatten die Mädchen zweimal wöchentlich bei Fräulein Hufnagel aus Schlüchtern Kochen. Im Erdgeschoß der Renterei war eine Küche mit zwei Herden, einem Kühlschrank, Tischen, Bänken, Töpfen und Geschirr eingerichtet. Wie üblich wurde das zubereitete Essen auch von uns verzehrt. Die Zutaten mußten wir mitbringen. Nach dem Essen wurden Geschirr und Töpfe gespült und die Küche wieder in Ordnung gebracht. Auf unser selbstgeschriebenes Kochbuch waren wir sehr stolz!

Oft ging es mit der Kutsche übers Land. Auch Fritz Traudt übernahm mit seinen beiden strammen Pferden den Transport über holprige Landstraßen.

Ein Ballon landet am Bellinger Berg

Von einem Erlebnis aus meiner Kindheit muß ich unbedingt berichten. Es war Anfang September 1909, am Sonntagmittag – die Sonne schien warm vom Himmel. Ich fuhr gerade mit dem Kinderwagen und Gretchen die „Katzenbrücke" hinunter, da überflog uns in niedriger Höhe plötzlich ein großer Luftballon. Ich glaubte, er würde bestimmt auf der nächsten Wiese landen, und so schob ich, neugierig wie Kinder nun mal sind, den Kinderwagen im Eiltempo eine kleine Anhöhe hinauf. Doch der Ballon war bereits weggeflogen. Ich fuhr mit dem Kinderwagen auf einem Feldweg immer hinter ihm her, bis der Weg endete – dann ging's über Wiesen und Felder mit aller Kraft bis zur Schießhalle. Der Ballon war zwischenzeitlich vor dem Bellinger Berg gelandet. Schnell fuhr ich Gretchen nach Hause und rannte sofort zur Landestelle. Dort war schon „halb Steinau" versammelt und bestaunte das Ungetüm.

Der Steinauer „Feuerreiter"

Vier Monate hat es nicht geregnet im Jahr 1911. Nach der Heuernte fand man überall vertrocknete Wiesen. Es gab „notgereiftes Getreide", die Kartoffeln und die Runkelrüben blieben klein – kein Gewitter, das einmal einen kräftigen Regen gebracht hätte. In jenem Sommer wütete ein Großbrand in Steinau. Fünf Scheunen mit Stallungen brannten allesamt nieder. Durch die Wasserknappheit waren weitere Wohnhäuser von den Flammen bedroht. Die Kinzig war fast ausgetrocknet, und auch die Hydranten boten kaum noch Wasser, denn durch die Dürre hatten wir ohnehin Trinkwassermangel. Viel Kleinvieh kam damals im Feuer ums Leben. Der Sohn des Gänsehirten hatte im Holzschuppen mit Streichhölzern gespielt und den Großbrand verursacht. Der Junge bekam von der Bevölkerung fortan den Namen „Feuerreiter" und behielt ihn bis an sein Lebensende.

Schlittenbahn auf der Hauptstraße und an der Schiefer

Wehe, wenn der Stadtdiener und Stadtpolizist Müller auftauchte, dann gab es nur eine Rettung, so schnell wie nur möglich „stiften" zu gehen! Schlittenfahren mitten in der Stadt war verboten. Dennoch, kaum war die „Ortsgewalt" hinter der nächsten Hausecke verschwunden, wurden die niedrigen Kastenschlitten aus Holz wieder hervorgeholt. Und dann gings den Schloßberg in flotter Fahrt hinunter, links herum auf der Hauptstraße weiter und rechts den Mühlberg hinab. Damals, um 1908, da hatte die Hauptstraße noch keinen Bürgersteig. Wenn es richtig fror und schneite, machten auch die holprigen Pflastersteine nichts mehr aus: das Schlittenfahren ging ganz prima. Jeder Bürger lief in der Straßenmitte; durch die fahrenden Schlitten war sehr oft die Straße spiegelglatt geworden. Stürze verursachten so manchen Knochenbruch, von dem auch das eine oder andere Pferd nicht verschont blieb. Pferdeschlitten dienten im Winter als Transportmittel. Sie kündigten sich schon aus der Ferne durch ihr klingendes Schellengeläute an. Die Insassen, in Pelz und Wolldecken gehüllt, hatten die Hände schützend im Muff stecken, und die Füße standen in Schafsfellsäckchen.

Toll ging es auch an der „Schiefer" her – eine schöne, schnelle, aber gefährliche Rodelbahn – es durfte nichts in den Weg kommen. An beiden Seiten der steilen Straße nach Bellings erhöhten Zwetschenbäume die Gefahr von schlimmen Unfällen; die Jungen rasten oft mit zusammengebundenen Schlitten die „Schiefer" hinunter. Was half da die Warnung der Eltern? Beinahe jedes Jahr gab es Arm- und Beinbrüche!

Die Schlittschuhläufer tummelten sich auf den großen Eisflächen der Weiherwiesen. Und wer weder Ski, Schlitten oder Schlittschuhe hatte, der legte sich eine lange Rutschbahn auf dem Eis an und „rötschte" mit seinen ledernen Winterschuhen. Rote Backen und eine gesunde Gesichtsfarbe gab es so oder so!

Post-Schein. Postvorschuss fl. kr.
Franco   /10
Schein   — „ 2 „

Ein *[hs.]* gezeichnet   1 Pfund /6 Loth schwer

mit dem angeblichen Werthe von *[hs.]*

an *[hs. Herrn ... in Kranichenberg]*

ist heute dahier aufgegeben worden, worüber dieser Schein ertheilt wird.

Die Postverwaltung übernimmt in Beschädigungs- und Verlustfällen, wenn die Beschädigung oder der Verlust durch Verschulden der Postbediensteten und im Fürstlich Thurn und Taxis'schen Postverwaltungsumfange stattgefunden hat, auch die Anzeige davon innerhalb **drei Monaten**, vom Tage der Aufgabe an gerechnet, erfolgt ist, die Ersatzverbindlichkeit nach Massgabe des declarirten Werthes.

Wenn der Werth nicht angegeben ist, erstreckt sich die Gewährleistung nur bis zum Belaufe von **dreissig Kreuzern** für jedes Pfund der Sendung oder den Theil eines Pfundes, und kann bei vorkommenden blossen Beschädigungen innerhalb dieser Grenze nur bis zum Belaufe des wirklich erlittenen Schadens in Anspruch genommen werden.

Frankfurt a. M., den *1* ten *Novr* 186*3*

Ausgefertigt von *[hs.]*

**Fürstlich Thurn und Taxis'sche
Ober-Postamts-Expedition der Fahrposten.**

Paketschein der „Fürstlichen Thurn- und-Taxisschen Ober-Postamts-Expedition" in Frankfurt aus dem Jahre 1863.

Hurra, die Postkutsche ist da!

Zweimal fiel ihm im hohen Schnee die Postkutsche um. Dreißig Jahre bei Sturm, Regen und Schnee unterwegs. Das war der abenteuerliche Beruf des Postkutschers Karl Doll. Vier Personen als Fahrgäste in der Kutsche, und wenn erforderlich, konnte ein Mann noch oben auf dem Kutschbock Platz nehmen. Und selbstverständlich wurde auch die Post samt Paketen mit hinauf nach Ulmbach genommen. Das laute Hej, Hopp und das Krachen der Peitsche galt den Pferden – die Kinder winkten hinter der Kutsche her, doch dem Vierspänner blieb noch ein schönes Stück Arbeit, bis er den Weg über Sarrod bis nach Ulmbach geschafft hatte. Gegen 18 Uhr war es in Steinau losgegangen. Immerhin dauerte es eineinhalb Stunden, bis man die Endstation erreichte. Früh um halb fünf ging's dann bergab zurück nach Steinau. Zur Kundschaft gehörten Berufstätige und Bahnreisende. Dreißig Jahre Postkutscher ohne Altersversorgung! Obwohl Karl Doll mehrfach darum gebeten hatte, ist nicht für ihn „geklebt" worden. Traurig, aber wahr, so sah der „Dank des Vaterlandes" damals aus!

Der zweite Postkutscher, Johannes Methfessel, befuhr die Freiensteinauer Strecke. Die Abfahrt erfolgte ebenfalls gegen 18 Uhr und am nächsten Morgen war man um 9.30 Uhr wieder zurück. Auch für diese Route wurde eine Fahrzeit von eineinhalb Stunden kalkuliert. Doch oft hatte die jeweilige Witterung einen großen Einfluß auf die Reisedauer. Bei Regen, da drangen die Wagenräder tief in den morastigen Schotterbelag der Straße. Die Kutsche zog tiefe Spurrillen hinter sich her, und wenn dann noch plötzlich ein Pferd lahmte, dann ging es eben nur noch im „Schneckentempo" vorwärts. Es kam schon einmal vor, daß dann den Reisenden am Morgen in Steinau der Zug vor der Nase wegfuhr. Es war zwar eine schwere, aber keine hektische Zeit, die „gute alte Zeit".

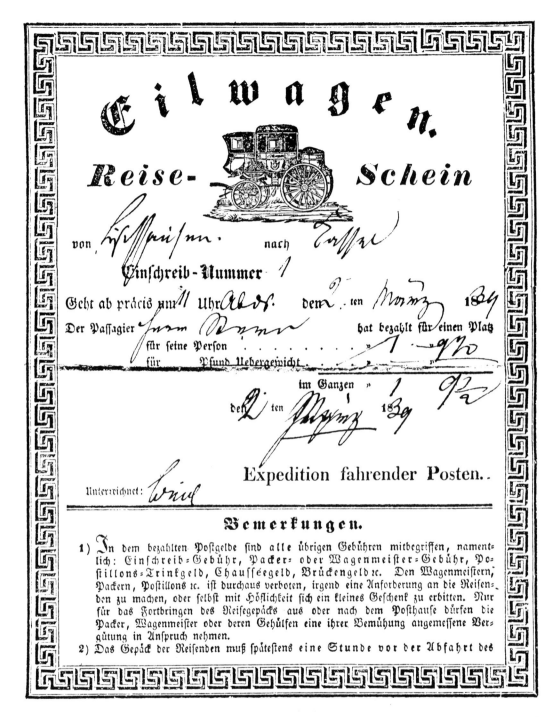

So sahen die Fahrkarten im Jahre 1839 zur Beförderung in Postkutschen aus. Die Reisenden hatten sich eine Viertelstunde vor Abfahrt der Postkutsche in der Expedition des Postamtes einzufinden. Auch lagen auf sämtlichen Poststationen Beschwerdebücher aus. Ein Anhalten vor der Stadt, vor Privat- oder Gasthäusern war nicht gestattet. Den Anordnungen des „Conducteurs" mußten die Passagiere Folge leisten.

Tippelbrüder und das „Kundels Peterje"

Wenn junge Menschen ihre Lehre hinter sich gebracht hatten, dann ging es hinaus in die große, weite Welt. „Auf die Walz", sagte man und das bedeutete, auf „Schusters Rappen". Die Wandergesellen suchten allenortes Arbeit, um persönliche Erfahrungen zu sammeln und handwerkliches Geschick zu erweitern. In Steinau, da tauchten oft Hamburger Zimmerleute auf, um zu arbeiten. Einige blieben sogar für immer hier.
Nicht zu verwechseln waren diese ehrbaren Handwerker mit den „Tippelbrüdern". Die schlugen sich mit Betteln und „Schnorren" durchs Leben. Stadtpolizist Müller konnte sich über mangelnde Belegung des in seinem Hause eingerichteten Nachtasyls weiß Gott nicht beklagen. Am nächsten Morgen wurden sie „an die frische Luft gesetzt", tagsüber ging das Betteln schon in Schlüchtern oder Salmünster munter weiter.
Eine etwas originellere Idee, an anderer Leute Geld zu kommen, hatten da schon eher die vielen Drehorgelmänner, die im ersten Drittel des 20. Jahrhunderts die Dörfer und Städte auf dem Lande mit ihrer „Hitparade" überschwemmten. Dennoch versetzten sie Alt und Jung immer wieder mit neuen Melodien in Erstaunen. Insbesondere Kinder umringten neugierig jeden neuen Drehorgelmann. Sie durften dann schon einmal selbst an dem wundersamen „Musikkasten" auf vier Rädern drehen, und wenn sie ein wenig Glück hatten, dann kam auf Anhieb eine erkennbare Melodie aus dem Leierkasten heraus. Auch in Steinau wohnte ein Drehorgelmann. Peter Schmidt hieß das kleine, hinkende Männchen; man rief ihn „Kundels Peterje". Sein Leierkasten stand auf einem Handwagen, und der wurde von einem Hund gezogen.

„Lensesobbe" im Schirm

Mundartgedicht über eine „Schnapsidee"
von Anna Reiners

En Dibbelbruder kohm doaher,
noach e wink Schnaps hoat groß Verlange er.
Doch Samsdoach jed Haus, doas er besücht,
stoatts Geld er en Deller Lensesobbe gricht.

Sechs Deller Sobbe hoat er schoo weggemoacht,
doa hoat er so bei sicht gedoacht:
„Damit ich aach wink Geld für Schnaps tu sehe,
well ich emoal nüh beis Schulmeisterje gehe."

On wie er bett öm e kläne Gabe,
„Komme'se rei, en Deller Lensesobbe könne se habe.
De Honger seh ich Ihne o,
Sie könne noch en Deller ho!"

Doas hoat de Heinrich net gedoacht,
daß die Fraa Schulmäster aach Lensesobbe kocht!
Er konnt joa schoo manch Portion vertroache,
äwer de siebt Deller ging net meh in de Moache.

Doa muß die Fraa Schulmäster enaus, wünscht
„Guten Abbedit,"
de Heinrich di Brüh schnell in de Gossestäa schütt.
Aufgeregt guckt er sich in de Köche öm,
doa sieht er om Handduchgestell en Schirm.

Schnell hoat er es Decke vo de Sobbe doa nei gekippt,
doa koam aach schoo die Frau Schulmäster gewippt.
Verwonnert seecht se ganz beglöckt:
„Die Sobbe hatte'se äwer schnell verdröckt!"

Er bedankt sich höflich on tüt geh'
noach Schnaps äwer hoat er kän Verlange meh.
Drauf woar jeder Doach de schönste Sonneschei,
die deck Lensesobbe tröckeld ömmer meh ei.

Doch eines Toages rechends in Ströme,
die Fraa Schulmäster dütt ihr'n Regeschirm nehme.
Önnerwächs fällt ihr ömmer ebbes off die Frisur,
sie schüttelts oa on denkt „Woas iss doas nur?"

En Schrecke fuhr ihr durch die Glieder,
ihr Lensesobbe kennt se wieder.
Der Streich iss doch nur vom Heinrich gewäse,
no, dem wär ich äwer die Levitte läse!

„Kathreimoart" Anno 1910

Das weiße Pferd der Familie Levi schaffte den schweren Wohn- und Materialwagen nicht allein den Stadtberg hinauf bis zum Kumpen, ein anderes Pferd mußte ihm dabei helfen, die große Last zu ziehen. Für die Kinder in Steinau bedeutete das Erscheinen der Schausteller, daß nur noch acht Tage bis zum Katharinenmarkt vergehen mußten. Sie hüpften vor lauter Vorfreude auf dem Kumpen herum und beobachteten den Aufbau des Karussells.

Der „Kathreimoart", wie die Steinauer ihr Heimatfest nennen, fand früher am 25. November statt. Er fiel aus, wenn dieser Tag ein Samstag oder Sonntag war. Dies hatte seine plausible Erklärung in der Tatsache, daß die vielen Händler jüdischer Abstammung samstags ihren „Sabbat" begingen, und sonntags durfte ohnehin kein Markt abgehalten werden.

Schon früh am Morgen des 25. Novembers fuhren die Jugendlichen mit Handwagen zum Bahnhof hinüber, denn die ersten Marktleute trafen gegen sechs Uhr schon mit dem Zug ein. Es gab einiges zu transportieren, die jungen Leute verdienten sich ihr Taschengeld, indem sie den Schaustellern, Marktschreiern und Kaufleuten zur Hand gingen. Da mußten noch Latten für die Buden im Sägewerk geholt werden, da wurde gezimmert und genagelt, geklopft und gehämmert, bis die letzte Verkaufsbude stand.

Um 10 Uhr vormittags war alles fertig: die Ware lag ansprechend zum Verkauf aus und war durch ein Dach vor Regen geschützt. Auf dem Kumpen konnte man Schlierbacher Geschirr auf Stroh ausgebreitet sehen: Tassen, Teller, Schüsseln, Kaffeekannen, Eierbecher – alles aus Steingut. Die „Schöllerjes Fraa", eine ältere Frau aus Weilers bei Schlierbach, hatte wochenlang ihre volle „Kötze" nach Steinau getragen und das Geschirr bei Bekannten gelagert. Aus dem Vogelsberg kamen die Bauern und boten ihre Hülsenfrüchte an: Erbsen, Bohnen und Linsen. Und auch die selbstgeschnitzten Holzschuhe für Hof und Stall fanden ihre Abnehmer. Reiserbesen und aus Weiden geflochtene Kartoffelkörbe ergänzten das reichliche Angebot. Gegen Mittag setzte dann das richtige Markttreiben ein; die Leute ringsum aus den Dörfern waren eingetroffen. Um 15 Uhr drängten sich die Menschen auf dem Kumpen, der Höhepunkt des „Kathreimoarts" war erreicht.

„Unterwäsche, warm und billig wie nie zuvor, Halstücher zum Spottpreis, nur heute hier in Steinau, greifen Sie zu, solange der Vorrat reicht!" Die „Auskreischer", wie die Marktschreier hießen, feilschten und erheiterten die Menge mit Witzen, daß schon allein das Zuhören Freude bereitete. Der „Schirmjakob" wirbelte die Schirme rechts und links über die Köpfe seiner Kundschaft; das Geschäft blühte. Riesendamen stellten ihr Gewicht und ihre Größe zur Schau; Wahrsager, Handleser und Zukunftsdeuter taten geheimnisvoll, um den Marktbesuchern den einen oder anderen Groschen abzuluchsen. Die jungen Burschen ließen ihre Bizeps am „Haut den Lukas" aus, und auch die Schießbudenbesitzer konnten sich über den Umsatz nicht beklagen. Unterdessen zog der weiße Schimmel der Firma Levi am Kumpen seine Kreise. Er hatte das Karussell zu ziehen. Die Fahrt kostete fünf Pfennige, dennoch konnten die Kinder nur drei-, höchstens viermal fahren, mehr erlaubte das Marktgeld nicht. Selbstverständlich waren die Kleinen froh, wenn sie von Oma, Opa oder Tante noch einen Zehner zugesteckt bekamen, und an den Süßwarenständen wollte man ja auch noch etwas Leckeres kaufen, während die Erwachsenen nach ledernen, genagelten Arbeitsschuhen Ausschau hielten oder etwa eine neue Peitsche für Kühe und Pferde kaufen wollten.

Die Steinauer Töpfer warteten mit frisch gebrannten und herrlich bunt glasierten Milchtöpfen, Tassen, Schüsseln oder Essenträgern auf. Für die Kinder gab es die allseits begehrten Spieltöpfchen. Die Freude war groß, wenn Mutter die Geldbörse öffnete. Gegen Abend klang der Markt allmählich aus, das Geschirr und alles andere wurde eingepackt, die Buden abgeschlagen. Jetzt ging es in den Gasthäusern erst richtig los. Und in den Sälen wurde fleißig das Tanzbein geschwungen: Walzer, Rheinländer, Polka und Dreher – was eben damals so Mode war. Gegen zwei Uhr war dann endlich Schluß – bis zum nächsten „Kathreimoart im annern Joahr."

„Kathreimoartsbrand schoo in 1908"

Zwischen 18 und 19 Uhr ertönte plötzlich das Feuerwehrhorn und blies das Feuersignal. Sofort rückte die Feuerwehr aus. Pferde zogen die große Handpumpe samt Schlauchrolle. Unten am Steinweg in der Nähe der Hauptstraße stieg eine riesige blutrote Feuersäule in den Abendhimmel. Erschrocken blickten die Bürger aus den Fenstern. Die Feuerwehr hatte alle Hände voll zu tun, denn die Scheune von Heinrich Oberhäuser brannte lichterloh. Ein Übergreifen des Feuers auf die davorstehenden Wohnhäuser und die seitlichen anderen Scheunen mußte verhindert werden. Es gelang den Männern der Wehr schließlich doch – eine Glanzleistung, wenn man bedenkt, mit welch' relativ primitiven Löschwerkzeugen die damaligen Feuerwehren auf dem Land ausgerüstet waren. Dennoch, eine Katharinenmarktstimmung wollte an diesem Abend bei den Steinauern nicht mehr aufkommen. Man schrieb das Jahr 1908.

Alte Steinauer Feuerwehrpumpe aus der Zeit der Jahrhundertwende. Die Männer der Wehr mußten das Wasser mit den Händen zur Einsatzstelle pumpen, eine Arbeit die bei Großbränden viel Ausdauer und Anstrengung erforderte.

Lädchen und Spenglerei von Peter Euler, aufgenommen im Jahre 1907 (Brüder-Grimm-Straße 18). Wir erkennen in der oberen Fensterreihe von links Vater und Mutter von Johannes Ullrich, daneben Johannes Ullrich (Schäfer-Hannes) und Adam Ullrich, rechts Käthe Ullrich, geb. Heidt, in der unteren Fensterreihe von links Peter Euler und das Ehepaar Heidt, auf der Treppe Frau Eckart, die Brüder Wilhelm und Karl Heidt, Elisabeth Creutz, geb. Euler, und rechts Nikolaus Euler.

Der „Milch-Lanz" und die „Kuh des kleinen Mannes"

Große Einnahmen brachte sie nicht, die Landwirtschaft rund um die damals 2 500 Einwohner zählende Stadt an der alten Reichsstraße. Wir schreiben das Jahr 1912. Die kleinen Landwirte hatten oft nicht mehr als zwei, drei oder wenn es hoch kam, vier Kühe. Und häufig war es nur die verkaufte Milch, die Geld in die sonst strapazierte Haushaltskasse brachte. Wer Pferde besaß, sich gar einen Knecht oder eine Magd leisten konnte, der zählte schon zu den begüterten Bauern. Diese hatten auch meistens noch Land genug, um ihre Landwirtschaft rentabel zu bestellen.

Hans Lanz, genannt „Milch-Lanz", war es, der morgens und abends die gefüllten Milchkannen vor den Haustüren aufnahm und mit seinem Pferdegespann abtransportierte; vorerst einmal zu sich nach Hause. Dort, in seinem Milchkeller ließ er die frischgemolkene Milch durch einen Milchkühler laufen und füllte sie in größere, einheitliche Gefäße.

Der Versand erfolgte über den Bahnhof Steinau zu Molkereien in Frankfurt oder direkt zu den Kleinhändlern, die ihrerseits wieder verschiedene Haushalte belieferten. Schon sein Vater Johann Lanz hatte mit dem Milchtransport seinen Lebensunterhalt verdient. Er begann sein Geschäft mit einem Handwagen, aber das ist lange her.

Etwa von 1900 bis 1936 betrieb Hans Lanz in Steinau sein Geschäft, bis der Schwiegersohn Fritz Romeiser die Tätigkeit weiterführte. Der Name „Milch-Lanz" war für die Steinauer ein feststehender Begriff geworden, das letzte Pferd hieß „Heinrich". Es soll seinen Weg über das holprige Basaltpflaster zu den Sammelstellen genau gekannt haben, so daß es ohne Kommando seines Herrn exakt anhielt und nach dem Aufladen auch wieder lostrabte.

„Die Kuh des kleinen Mannes" wurde von denjenigen Bürgern gehalten, die sich keine Milchkuh leisten konnten. Gemeint ist natürlich die Ziege. Morgens blies der Geißhirt Blum aus der Erbsengasse zum Aufbruch auf seinem Horn. Immerhin kamen 70 bis 80 Ziegen unterschiedlichster Besitzer zusammen, die er zu betreuen hatte. Seine Frau half ihm, die Herde durch die Stadt zu treiben, und der abgerichtete Herdenhund besorgte im freien Feld das übrige. Am Bienhaus war der Weideplatz. Und so führte jeden Morgen der Weg an der Marborner Warte vorbei, bis zur Ulmbacher Straße. Abends ging es wieder zurück in die Stadt. Dann lösten sich die einzelnen Ziegen aus der Herde, um ihre Ställe anzusteuern. Sie wurden schon von ihren Besitzern zum Melken erwartet. Ziegenmilch wurde nicht nur selbst getrunken; sie war auch nicht jedermanns Geschmack, sondern sie diente zusätzlich als Futtermittel für die Schweinezucht. In Steinau sind uns noch die Ziegenhirten Blum, Lotz und Hamburger bekannt.

Der greise Jakob Müller in der Türe seines Hauses Nr. 63 am Stadtberg. Im Volksmund hieß er „Warenhauser Jakob", weil er ein Warenhaus betrieb. „Das Rindfleisch ist teuer, das Schweinefleisch ist knapp, dann geh'n wir zum Warenhauser Jakob und holen trapp, trapp."

Krieg' ich ihn noch?

Es war noch dunkel, als der Bahnbeamte Bernhard Kreß an einem Morgen im Jahre 1912 hinüber zum Steinauer Bahnhof lief, um seinen Dienst anzutreten. Er mußte täglich am Ausgang der Wartehalle stehen, die Reisenden durch die Sperre lassen und die Fahrkarten knipsen.

Als er zwischen Anisbrücke und Gaswerk an den hohen Pappeln vorbeistapfte, in die dunkelblaue Bahnuniform mit Silberknöpfen gekleidet, die Schirmmütze ins Gesicht gezogen und die flackernde Petroleumlampe in der rechten Hand, da holte ihn mit eiligen Schritten ein Reisender ein. Und als der

Fremde ihn als Eisenbahner erkannte, fragte dieser hastig: „Krieg' ich ihn denn noch?" „Ja, selbstverständlich, wenn Sie springen, dann kriegen Sie ihn noch", antwortete Bernhard Kreß trocken. Der Reisende rannte daraufhin mit seinen beiden schweren Koffern die „Steinkaute" hinauf und kam keuchend am Bahnhof an. Zu seinem Erstaunen war die Sperre noch geschlossen, und obendrein befand sich auch noch kein Mensch im Warteraum. Wütend ging er auf und ab, bis schließlich auch Bernhard Kreß den Bahnhof erreicht hatte. „Mann, was fällt Ihnen eigentlich ein? Wie können Sie mich denn so auf den Bahnhof hetzen, obwohl ich noch eine Menge Zeit bis zur Abfahrt meines Zuges habe!" Da sagte der Steinauer verschmitzt: „Konnte ich wissen, was Sie mit der Frage ‚Krieg' ich ihn noch' gemeint haben? Ich hatte gedacht, Sie wollten den Hund fangen, der da unten in der Wiese herumgesprungen ist!"

Die Frankfurt-Leipziger-Straße im Bereich des Sennelsbaches im Jahre 1928.

Das Gebiß im „Lettebühl"

Reisen mit der Eisenbahn waren zu Beginn unseres Jahrhunderts für Jung und Alt ein ganz besonderes Erlebnis. Die Fahrgäste berichteten noch nach Wochen von ihren Eindrücken mit der alten Dampflokomotive, egal ob man sich in der 2. oder 3. Wagenklasse über die Schienen bewegte, denn für die 1. Luxusklasse hatte ohnhin kaum jemand das nötige „Kleingeld". Trotz Funken- und Schlackenfluges schaute man neugierig aus den Fenstern, auch wenn bereits nach kurzer Zeit die Augen gerötet und die Haarfrisuren völlig durcheinander waren. Es machte Spaß, das Fahren mit der Dampfeisenbahn!
Für Philipp Romeiser, Polsterermeister aus Steinau und Mitbesitzer der Wagenfabrik, wird eine Bahnfahrt von einer Geschäftsreise zurück nach Steinau noch lange in Erinne-

rung geblieben sein. Bis Salmünster verlief die Fahrt auch ohne besondere Vorkommnisse. Als sich die Dampflok gerade anschickte, die erste Steigung zu meistern, da hielt es Philipp Romeiser nicht mehr auf der harten Holzbank seines Abteils, denn der Steinauer Bahnhof nahte. Voller Ungeduld öffnete er das Fenster, um die frische Luft heimischer Gefilde tief in sich aufzunehmen. Er war herrlich, dieser vertraute Duft der Heimat!
Doch als der keuchende Zug am „Lettebühl" vorbeifuhr, mußte Philipp Romeiser plötzlich und ohne Vorwarnung kräftig niesen. „Hatzie", ertönte es am offenen Abteilfenster, und noch einmal „Hatzie". War es der frische Blütenstaub oder etwa der Ruß der Dampflokomotive? Noch ehe ihm seine Mitreisenden „Gesundheit" zurufen konnten, verspürte er eine für diese Tageszeit ungewohnte gähnende Leere in seinem Mund. „Wo ist mein Gebiß?" Verzweiflung machte sich in ihm breit und sein Blick wanderte sehnsüchtig zurück auf den mit Gestrüpp übersäten Bahndamm. Endlich, der Steinauer Bahnhof, nichts wie raus, schoß es ihm durch den Kopf.
Eiligst war ein Suchkommando von Bekannten auf „die Beine gestellt", und schon bewegte man sich schnellen Schrittes in Richtung „Lettebühl", um systematisch in Gras und Busch nach den abhanden gekommenen „Beißerchen" zu suchen.
Ob man das Gebiß des Polsterermeisters schließlich gefunden hat, war leider nicht mehr festzustellen.
Die Moral von der Geschicht': Halte beim Niesen die Hand vor den Mund!

Hexerei und graue Männchen

„Einige Läuse in einen alten Topf werfen und auf ein Feuer setzen!" Dieses Geheimrezept sollte noch vor einigen Jahrzehnten denjenigen vor der Hexe schützen, der den Kopf voller großer Läuse hatte, denn der sei schließlich „angehext". Die Hexe würde nach dieser merkwürdigen rituellen Handlung mit verbranntem Gesicht herumlaufen und wäre somit erkannt. Und gab eine Kuh einmal weniger Milch, so war sie natürlich von der Hexe mit zwei Handtüchern gemolken worden.
Es gab noch zu Beginn des 20. Jahrhunderts viele Menschen, die zumindest bei einigen geheimnisvollen oder unerklärlichen Vorgängen Hexerei nicht ganz ausschlossen. Wenn Schweine, Kühe oder Schafe verendeten – schuld daran mußte eine Hexe sein. Und so kam es fast zwangsläufig, daß sich der Aberglaube ziemlich festigte und dabei so manche seltsame Zeitgenossin als Hexe herhalten mußte. Auch in Steinau waren etliche Leute verschrien, denen man aus dem Wege gehen sollte. Würde man dennoch von ihnen angesprochen, so dürfe man auf keinen Fall dreimal „ja" sagen, sonst wäre man schon in ihrem Bann. Um die Hexe von zu Hause fernzuhalten, wurden drei Kreuze an der Türe angebracht. Und schrie um Mitternacht zufällig ein Kind, dann war es natürlich auch verhext. Hier half nur noch die gespreizte Schere unter dem Kopfkissen des Kleinen.
Im Besitz des „siebten Buch Moses" sollten sie sein, die bösen Hexen. Nur wenige Männer seien in der Lage gewesen, durch allerlei Zaubersprüche und Namensbezeugungen der Hexe entgegenzuarbeiten. In Steinau soll zur damaligen Zeit der Schäfer Faust einige Hexen auf diese Weise erkannt haben.
Schon unsere Vorfahren hätten es gesehen: das „Graue Männchen". Um Mitternacht würde es am Auerbach und an der Straße, die am „Doppelten Wald" vorbeiführt, spazieren gehen. Oft tauchte es urplötzlich auf und lief zum Gruseln der Leute wortlos neben ihnen her. Genau so schnell, wie es erschienen war, verschwand es auch wieder. „Warte nur, bis Dir das graue Männchen begegnet." So wurde

oft den Kindern Angst gemacht, wenn sie abends zu spät nach Hause gekommen waren.
Für Gruselgeschichten gab es allemal genügend aufmerksame Zuhörer. Die Begegnung mit einer Spinne oder Katze, gar einer pechschwarzen, immer kündigte sich unweigerlich Unglück an. Und wenn nachts unverhofft ein Steinkäutzchen schrie; das bedeutete in Kürze einen Todesfall in der Familie. Geister, Gespenster und der Schloßturm nachts im fahlen Mondlicht, die gaben für jede Spukgeschichte eine gruselige Kulisse her.

Vom „Fürwes", „Baldin" und vom „Kamisölche"

Die Petroleumlampe auf dem Tisch spendete leicht flackerndes Licht, und vom Kachelofen kam die mollige Wärme herüber zu den strikkenden Frauen im Zimmer. Es ist einer der Winterabende kurz vor dem Ersten Weltkrieg. Die Frauen erzählen sich die Neuigkeiten, die sie beim Einkaufen in den Geschäften der Hauptstraße tagsüber gehört haben. Es wird gestrickt und auch gestopft. Und waren die Füßlinge der selbstangefertigten Strümpfe schon zu sehr geflickt, dann wurden sie einfach abgeschnitten und als „Fürwes" in den Holzschuhen getragen. „Baldin" nannte man den langen, breiten Schal aus Wolle, den man um die Schulter und die Brust wickeln konnte, und der immer noch so lang war, daß man bequem auch die Hände darin einwickeln konnte, wenn's draußen bitter kalt war. Die Schafwolle stand in hohem Ansehen und lieferte den Rohstoff. Steinau hatte eine große gemeine Schafherde. Sie wurde viele Jahre von dem Schäfer Georg Ullrich betreut. Kaum ein bäuerlicher Betrieb kam ohne eine Anzahl von Schafen aus.
Kein Wunder, daß der Herr des Hauses stolz das von der Frau gestrickte „Kamisölche" trug. Der „Streckmotze" hat so manche Stunde am Kamin gekostet. Und in den Spinnstuben da gab es zu vorgerückter Stunde sogar Bohnenkaffee und Palisädchen. Sieben Stück kosteten damals 20 Pfennige. Ja, das waren halt noch Zeiten. Auch der „Zimmetkuchen" war begehrt; auf ausgewellten Teig strich man ausgelassene Butter, streute groben Kristallzucker mit Zimt vermischt darauf und schob ihn in den Backofen. Fertig war er, mit geschlossener Zuckerkruste.

Frau Wilhelmine Stolzenburg beim Waschen. Die Waschzuber standen draußen in der Erbsengasse, Waschmaschinen kannte man natürlich damals noch nicht. Wir schreiben das Jahr 1925.

„De Honger trieb's nei" –
Ernährung vor 70 Jahren, Latwerge und Hülsenfrüchte

Morgens gab es „Latwerge oder Mattebrot". „Wir dürfen nicht doppelt schmieren, wir haben keine zwei Häuser!" So wetterten die Alten, wenn jemand noch Butter als ersten Aufstrich wählte. Wurst als Brotbelag war selten. Sie blieb, wenn überhaupt, den Arbeitenden auf dem Feld oder im Beruf vorbehalten. Und der würzige „Limburger" roch oftmals trotz Käseglocke aus den Speisekammern heraus; er war auch der bekannteste Käse dieser Zeit. Als abwechslungsreich konnte der Mittagstisch des kleinen Mannes und seiner vielköpfigen Familie nicht bezeichnet werden. Acht bis zehn Kinder waren damals keine Seltenheit. Die Hülsenfrüchtesuppen standen ganz oben auf dem Speiseplan der Hausfrau; es gab sie zwei- bis dreimal pro Woche. Wie sich der Genuß dieser kernigkräftigen Speisen auf die Betroffenen auswirkte, vermittelt überzeugend ein Zweizeiler aus der damaligen Zeit:
„Mittwochs gab es Hülsenfrüchte, donnerstags geh'n wir dann flüchte'!"
Verständlich, wenn man weiß, daß sich dieses körperliche Bedürfnis auf den zahlreichen „Donnerbalken" in den Hinterhöfen der von der Stadtmauer friedlich umschlossenen Altstadt abspielte.
Sauerkraut mit Kartoffel- oder Erbsenbrei oder Faßbohnen mit Kartoffelbrei, und dazu manchmal etwas Schweinefleisch standen auf dem Speisezettel. Übrigens, Fleisch gab es selten, das überaus schmale Einkommen der meisten Familienväter erlaubte keinen häufigeren Genuß. Freitags waren dann entweder selbstgemachte Nudeln mit Heidelbeeren an der Reihe, oder man bekam Hefeklöße mit Dörrobst vor die Nase gesetzt.

Rüböl, das Fett und Heilmittel

Übrigens, als Fette fanden Schmalz, Speck, Rindsfett und Rüböl in Steinau ihre Anwendung. Zur damaligen Zeit blühte der Rapsanbau, und alle vier Mühlen konnten das daraus gewonnene Rüböl herstellen. Es hatte nur einen scharfen, komischen Geschmack; durch Erhitzen und Einlegen von Kartoffelstückchen konnte er jedoch abgemildert werden. Man nannte diesen Vorgang „Abkraschen". Abends beim Spazierengehen roch es in den Straßen und Gäßchen fast überall nach Rüböl. Dieser öligen Flüssigkeit sagten viele Leute sogar eine heilende Wirkung bei Erkältungskrankheiten nach. Bei Grippe wurden Brust und Rücken vor dem Zubettgehen mit warmem Rüböl eingerieben.

„Semmete" und „Schäppkräppel"

Ein beliebtes Steinauer Gericht war „Semmete" – gestampfte Kartoffeln mit Speck und Zwiebeln, dazu „Hutzel" oder Apfelmus. Aber auch „Schäppkräppel" (Schöpfkrapfen) standen dem an nichts nach. Ein Teig aus Mehl, Eiern, Zucker und Salz wurde in heißem Öl oder Fett ausgebacken. Die unterschiedlichen Formen der Kräppel entstanden vom Ausschöpfen.
Bratkartoffeln mit Dickmilch, Pellkartoffeln mit Matte oder Heringssalat, das verspeiste man beim „Noachtesse". War nichts von alledem da, hielt auch einmal Latwerge mit Pellkartoffeln her. Ausgesprochen fett und übergewichtig konnte bei dem Essen kaum jemand werden, zumal tagsüber bei der Arbeit kräftig zugelangt wurde.

Latwergekochen im Hof des Ballhauses im Jahr 1950. Wir erkennen Frau Amend und Frau Schmidt bei der Arbeit.

Sauerkraut und Bohnen aus dem Faß

Das winterliche Sonntagsgericht zeichnete sich durch größere Vielfalt aus. Gekochtes Rindfleisch oder Dörrfleisch wurde serviert. Und dazu gab es den allseits beliebten Meerrettich oder getrockneten Grünkohl, Dörrkraut genannt. Wenn die Vorräte an Wirsing, Weiß- und Rotkraut oder Möhren aus dem eigenen Garten noch im Keller lagerten, war die Auswahl entsprechend größer. Zur Wintergrundausstattung gehörte einfach je ein Faß Sauerkraut und Bohnen, Kisten mit Möhren, roten Rüben, Sellerie, Zwiebeln, Lauch und Kohlrüben, aber auch eine Menge Meerrettich. Und im Frühjahr hielten die Leute Ausschau nach „Hirschzungen" auf den Wiesen oder an den Rainen nach frischen Brennnesseln. Salat oder Spinat mit „Melle" und gebackenen Eiern standen im Sommer oft auf dem Tisch. Fleischbrühsuppe war sehr kräftigend; sie wurde daher auch den Kranken gereicht, damit sie schnell wieder auf die Beine kamen.

Im Waschkessel gekocht: „Die Quetschelatwerge"

Rühren, rühren und nochmals rühren, das war der wichtigste Arbeitsgang bei der Herstellung eines wohlschmeckenden Brotaufstrichs, der Quetschelatwerge, wie nicht nur die Steinauer diese Marmelade nannten.
Aber erklären wir das Ganze am besten in der richtigen Reihenfolge. Wichtig zur Herstellung waren selbstverständlich eine Menge Zwetschen, und die mußten erst einmal entkernt werden. Die ganze Familie und obendrein auch die Nachbarschaft arbeiteten zusammen. Man saß im Kreise, in der Mitte eine große Wanne oder ein Holzzuber. Mit einem scharfen Messer wurden die Zwetschen entkernt; stundenlang dieselbe eintönige Tätigkeit. Nach 4 bis 5 Stunden wurden alle mit Kaffee, Kuchen oder mürbem Gebäck für ihr Durchhalten belohnt. Am frühen Morgen kamen Saft und Zwetschen zum Weichkochen in einen großen Kessel. Für „Quetschelatwerge" war die Zugabe von Birnensaft wegen seiner Süße sehr beliebt.

Und nun ging's los mit dem Rühren, laufend nichts als Rühren, und dabei immer wieder Zwetschen nachfüllen – zwölf Stunden Rühren vom letzten Nachfüllen an. Was ein Glück, daß der herrliche Geruch während des Kochens auch so manchen Jugendlichen anlockte. Und der mußte sich ebenfalls als Rührhelfer opfern, denn je mehr fleißige Hände zupackten, desto weniger ermüdete „Rührer" gab es. Irgendwann war alles auch wieder vorbei und geschafft. Eine halbe Stunde vor dem Ausschöpfen kam Latwergegewürz in die schon „steife Masse": Anis, Zimt und Ingwer. Die „Quetschelatwerge" war streichfertig, wenn sie am Rührstock hängen blieb. Jetzt konnten endlich die bereitstehenden Steintöpfe gefüllt werden. Und als der Inhalt erkaltet war, wurde er mit Salizylpapier abgedeckt und zusätzlich noch mit etwas Salizylpulver bestreut. Die Salizylsäure besaß fäulnishindernde und gärungshemmende Eigenschaften, oder einfacher gesagt: sie verhinderte die Schimmelbildung. Denselben Effekt konnte man mit dem Oberflächentrocknen erzielen. Dazu wurden die Mustöpfe in den Bratofen geschoben, solange, bis sich oben eine feste Kruste gebildet hatte. Und wenn die „Quetschelatwerge" dann wenig später an den lachenden Kindermäulchen hing, dann wußten die Eltern, daß die lange mühselige Prozedur nicht umsonst war. Wer kann eigentlich noch nachempfinden, welche Zufriedenheit so ein frisches Latwergebrot mit oder ohne Butter auslöste, Zufriedenheit nicht nur über den leckeren Bissen, sondern auch über den Erfolg der eigenen Arbeit. Und wohin mit „de Quetschekerne"? Die wurden des öfteren nachts beim Nachbarn auf die Steintreppe vors Haus gestreut!

Hochbetrieb im Backhaus

14 Backöfen gab es in Steinau um 1910, denn die meisten Bürger backten ihre Brote selbst. Für Nachschub an Roggen- und Weizenmehl sorgten die vier Mühlen. Die Wiesenmühle, Walkmühle, Hopfenmühle (Hoppmühle) und die Neumühle. Drei- bis viermal am Tage konnte so ein Backofen beschichtet werden, zu mehr reichte die Zeit einfach nicht. So richtig kalt wurde der Ofen auch über Nacht kaum; immerhin trockneten die Leute auf langen „Holzhorten" noch ihre Äpfel und Birnenschnitzel oder Zwetschen zu Dörrobst.

Der erste Benutzer benötigte des Morgens das meiste Holz zum Anheizen, die Folgenden zehrten zum Teil von der Anfangswärme. Brotbacken kostete viel Kraft und Zeit. Dennoch war jeder stolz, wenn er nach getaner Arbeit die glänzenden Brotlaibe nach Hause bringen konnte.

Die Älteren unter uns wissen sicher noch sehr genau, wie der Backvorgang damals ablief: Die Hälfte des Mehls kam in den Backtrog. Mit Sauerteig wurde ein Vorteig angesetzt, der in der warmen Küche fünf bis sechs Stunden säuern mußte. Erst dann kam das restliche Mehl dazu, und mit warmem Wasser und dem nötigen Salz begann das kräftige Durchkneten. Zart und ohne Mehlrückstände mußte der Brotteig schon sein. Doch ganz fertig war er dann immer noch nicht; drei bis vier Stunden sollte er mindestens „gehen".

Indes, zum Ausruhen war keine Zeit. Der Backofen mußte zwischenzeitlich hergerichtet werden. Immerhin dauerte es ungefähr eineinhalb Stunden, bis der Ofen wieder richtig heiß war, denn während der Vorgänger seine Brote „ausgeschossen" hatte, ging viel Wärme verloren. War der Backofen richtig heiß, wurden die gleichmäßig verteilten Holzkohlenstücke nach vorne geholt und zur Seite geschoben. Zum „Hüllen", wie man das Saubermachen des Ofeninneren nannte, befestigte man ein nasses Tuch an einer Stange und fegte den Ofen sauber. Fleißige Hände hatten natürlich in der Zwischenzeit den Backtrog mit dem „aufgegangenen" Teig ins Backhaus gebracht und der Brotschießer war auch schon mit Kleie bestreut, damit das Brot beim Einschießen nicht festhing. Mit nassen Händen begann das Teigformen, Portionieren und schließlich das ständige Einschießen, bis der Teig aufgebraucht war. Oft reichten die zusammengekratzten Reste im Backtrog noch für ein Hutzellaibchen oder sie wurden dem Sauerteigtopf beigegeben. Jetzt galt es, auf die Uhr zu schauen und den Backofen geschlossen zu halten.

Eineinhalb bis eindreiviertel Stunden mußten alle warten, bis das Brot gebacken war. Kurz vorher jedoch wurden die Laibe mit dem Schießer noch einmal herausgeholt und mit frischem Wasser bestrichen. Wer keine Bürste hatte, nahm einfach einen feuchten Lappen, damit die Oberfläche richtig glänzend wurde. Schnell wurden die Brote dann für ein paar Minuten in den Ofen zurückbefördert. Das frische Brot verbreitete einen herrlichen Geruch, kein Wunder, daß so ein „Geback" nur etwa 14 Tage reichte, bis man wieder mit frischem Teig ins Backhaus ging. Und damit sich die Mäuse nicht auch noch daran laben konnten, hing man die kostbaren Brotlaibe im Keller in einem Brotgehänge auf.

„Kennbettsobbe", zur Stärkung der werdenden Mutter

Kinderreichtum und geringes Einkommen brachten zwangsweise Armut für breite Bevölkerungsschichten. So war es auch nicht einfach, wenn in einer Familie zu sechs Kindern noch ein siebenter Erdenbürger hinzukam. Die Wöchnerin lag zu Hause – im Kindbett – sagte man treffend. Alles packte mit an, Verwandte, Bekannte, Freunde und Nachbarn. Die werdende Mutter mußte mit Essen versorgt werden: man brachte „Kennbettsobbe", so hieß es im Volksmund. Die übrigen Kinder der Familie waren teilweise bei Verwandten oder sogar bei Nachbarn un-

Koffer der Hebamme Marie Rudolph mit „medizinischem Gerät".

tergebracht und wurden dort versorgt, während der Vater als Alleinernährer weiter zur Arbeit gehen mußte. Gott sei Dank war es dann irgendwann soweit – die Hebamme wurde ins Haus gerufen. Doch so ohne weiteres war beileibe nicht sichergestellt, daß sie auch rechtzeitig erscheinen konnte. Zu viele Möglichkeiten und Zufälle konnten eintreten, daß die Geburtshelferin nicht pünktlich ankommen konnte, denn sie war immerhin zu Fuß oder mit dem Fahrrad unterwegs. So manches Unwetter, Schnee und Eis, Hochwasser oder eine weitere Geburt konnten das Eintreffen verzögern. Natürlich stand zwischenzeitlich rund um das Kindbett „alles Kopf", und die Aufregung war riesengroß. Doch in den meisten Fällen ging alles gut: Entweder die Natur half sich selbst, oder die Hebamme kam gerade noch rechtzeitig. Ältere Steinauer Mitbürger erinnern sich noch sehr gut an das Wirken von Hebamme Rudolph. Nach ihr versah Frau Doll den wichtigen Dienst an der Allgemeinheit.

Die Freude über den neuen Erdenbürger währte nicht lange, viel zu schnell wurde sie von den Alltagssorgen verdrängt. Denn mit jedem neuen Familienmitglied wuchsen auch die finanziellen Sorgen. Nur wenigen Menschen war zur damaligen Zeit ein sorgenfreies Leben vorgegeben.

Die „Krämpfe", Influenza und andere Kinderkrankheiten

Relativ einseitige Ernährung, mangelnde medizinische Versorgung und eine unzureichende Mütterberatung mögen die Ursachen für eine große Anzahl von Kinderkrankheiten gewesen sein. Die Säuglingssterblichkeit war dementsprechend hoch. Rachitis zählte zu den häufigsten Kleinkinderkrankheiten. Die englische Krankheit, wie man sie nannte, verursachte eine Verkrümmung des Knochengerüstes. Für das Weichwerden der Knochen war ein Mangel von Vitamin D verantwortlich. Und nicht selten wurden die Kinder in der Schule auch noch wegen ihrer „Hühnerbrust" verspottet.

Der Volksmund nannte sie „die Krämpfe", und sie waren weithin gefürchtet. Daß alles ausschließlich vom „Zahnen" kommen sollte, war nicht erwiesen und eigentlich auch nicht einsichtig. Sicherlich handelte es sich bei dieser schlimmen Krankheit, die einigen Kindern den frühen Tod brachte, um epilepsieähnliche Anfälle, die einfach vom Volk als „Krämpfe" bezeichnet wurden.

Diphterie und Scharlach, das waren nicht nur gefährliche Kinderkrankheiten, sie waren obendrein auch noch sehr ansteckend. Die Diphterie, eine Schleimhauterkrankung der Mandeln, des Rachens, des Kehlkopfes, der Luftröhre und der Nase, führt zu Erstickungserscheinungen und kann im schlimmsten Fall den Luftröhrenschnitt erforderlich machen. Bei Ausbruch von Scharlach verbrachten nicht selten ganze Steinauer Schulklassen mehrere Wochen im Bett. Die Krankheit verbreitete sich epidemieähnlich in Windeseile – flammend roter Ausschlag an Rumpf und Gliedern, Fieberanfälle und später Hautabschuppungen, und wer Pech hatte, im Nachgang noch Mittelohrentzündung, Nierenbeschwerden oder gar Herzmuskelentzündungen – es war schrecklich. Was für ein Segen, daß wir heute über eine ausreichende Gesundheitsfürsorge und den nötigen Impfstoff verfügen! Ja, es war nicht alles gut, an der „guten, alten Zeit".

Und so wollen wir auch mit der Erwähnung der allseits bekannten „Influenza" – Schüttelfrost, Fieber, Kopfweh – diesem unheilvollen Gewirr von zerstörerischen Bakterien und Erregern entrinnen.

Omas Hausapotheke: Rüböl, Kamille, Salbei und Spitzwegerich

„Brust und Rücken mit erwärmtem Schmalz oder Rüböl einreiben und mit einem Wolltuch einwickeln." Dieses Rezept gegen Erkältung stammt nicht von irgendeinem afrikanischen Medizinmann, sondern war ein bewährtes Hausmittel unserer Ururgroßmütter. Aber keine Sorge: wenn diese Anwendung nicht sofort half, konnte man auf andere erprobte Naturprodukte zurückgreifen. Ordentlich in Säckchen aufbewahrt waren die getrockneten Kamillen- und Holunderblüten, Salbei und Pfefferminze, Himbeer- und Brombeerblätter, auch Spitzwegerich und Huflattich. Natürlich durfte bei einer kräftigen Magenverstimmung ein Schuß Wermut nicht fehlen, und bei der Halsentzündung half das Gurgeln mit Salbei. Das Herausschwitzen allen Übels im Hals- und Rachenbereich besorgte das Inhalieren der Lindenblüten. Ein heißer Grog setzte den gesamten Körper „unter Dampf".

Gedörrte Heidelbeeren sollen bei Durchfällen Wunder gewirkt haben; als Wundheilmittel hat sich die Kamille bestens bewährt. Ein Saft aus Zwiebeln und Kandiszucker, mehrmals am Tage eingenommen, linderte die Hustenanfälle merklich und schmeckte obendrein noch lecker. Das reichlich vorhandene Angebot der Natur kam aus einem Garten, der noch kaum Chemikalien und wenig sauren Regen kannte. War das früher alles so altmodisch und vorsintflutlich? Oder haben die Menschen etwa gesünder gelebt? Fragen, auf die es wahrscheinlich keine klaren Antworten geben wird. Und doch sollten sie zur Selbstbesinnung anregen!

Ein trauriger Anlaß

Mit einem Leinentuch waren die Toten bedeckt und zu Hause aufgebahrt, bekleidet mit einem dunklen Anzug, einem schwarzen Kleid oder einem Sterbehemd. Die Totenfrau hatte alles besorgt, und der Schreiner brachte den auf Maß gefertigten Sarg pünktlich am Morgen des dritten Tages, dem Tag der Beerdigung. Im Sterbefall bekam die Totenfrau ganz bestimmte Aufgaben zugeteilt. Sie hatte nicht nur die Verstorbenen zur letzten Ruhe aufzubahren und in den Sarg zu betten, sondern auch das Trauerhaus zu betreuen. Am zweiten Tag ging sie von Haus zu Haus, um die Mitbürger zu bitten, an der Beerdigung teilzunehmen. Die Beerdigungszeremonie begann mit einer kurzen Andacht des Pfarrers im Hofe des Trauerhauses, wohin man den Sarg mit dem Verstorbenen gebracht hatte. Unter dem Läuten der Kirchenglocken setzte sich der Totenwagen samt Trauerzug in Bewegung. Der Einspänner wurde von einem Pferd gezogen, seitlich hingen die Kränze am Wagen. Viele Steinauer erinnern sich sicher noch an Fritz Romeiser, der mit dem Leichenwagen aus der Wagenfabrik Romeiser die letzte Fahrt zum Friedhof ermöglichte. Dem Trauerzug voran gingen die Schüler der ersten Klasse mit Lehrer Stück. Es folgte der Pfarrer; zur damaligen Zeit waren die Pfarrer Römheld und Volkenand allseits bekannt. Beiderseits des Totenwagens schritten die Sargträger. Sie hatten Rosmarinzweige in den Händen. Hinter dem Totengefährt liefen getrennt nach Geschlechtern erst die männlichen, dann die weiblichen Angehörigen des oder der Toten und die übrigen Mitbürger. Auf dem Friedhof brachten die Träger den Sarg an das frisch ausgehobene Grab. Im Beisein der Trauergemeinde hielt der Pfarrer seine Predigt. Vor und nach dem Vortrag des Geistlichen sangen die Schüler ein Kirchenlied. Mit dem Segen des Pfarrers und eventuell kurzer Nachrufe von Vereinsvertretern endete die Trauerfeier. Der Sarg wurde ins Grab hinabgelassen. Aber das ist heute noch so und wird sich auch in Zukunft kaum ändern. Natürlich kannten unsere Vorfahren auch den Tröster mit Kaffee und Gebäck, Hörnchen und Palisädchen. Die Totenfrau erhielt sehr oft als Dank die Bettwäsche des Verstorbenen, Bettbezug, Kopfkissen und Bettuch. Als letzte Totenfrau Steinaus versah Frau Minna Stolzenburg vom Fuchsberg ihren Dienst.

Und auch die Kinder, die so artig am Grab gesungen hatten, gingen nicht leer aus. Sie erhielten zwischen drei und fünf Pfennige pro Einsatz. Das Geld wurde gesammelt und kam jeweils vor Ostern zur Auszahlung.

De Backdooch

Früher stohn in Rödersch Gorte in Stääne e Backhäusje. Do ho die Läut vo de Ringstroß on die Siedlung ihr brääte Kuche on ihr Brod gebagge. Wann Brod gebagge wur, dos wor ömmer en erwetsreiche Dooch.

E poor Dooch fürm bagge mußt erscht in Rödersch gegange on gefrecht wörn, wann mer bagge konnt. Meistens ho sich zwää oder drei zusamme gedoh, öm o äm Dooch zu bagge. Do hot dann äner oder zwä es ohetze gesport, die brauchte zum nochbagge niet meh so vill Hoolz. Dos hieß dann de erschte, zwätte oder drette Schuß. De zwätt wur ömmer em libste gebagge. Die erschte mußte gor so früh aufsteiche, on die Letzte kome oft in de Obend enei.

Stohn alles soweit fest on es Mehl wor in de Müll geholt – mir ginge entweder in die Waltmüll oder beis Hache Peterje –, wur de Sauerdääch gesücht. Änn oder zwää aus de Nochbarschaft ho ömmer vom letzte Geback en Sauerdääch aufgehowe, der dann verborcht wur. Dos Stäädöbbe wur dann ömmer mit fröschem Dääch wieder geföllt on noch em bagge zuröck gebrocht. Wann alles zusamme wor, wur om Obend defür de Backdroog bom Bude geholt on eigemehrt. Aus Mehl, Sauerdääch on Wasser wur en melle Dääch gemocht, zuletzt mit Mehl bestäubt, on owe drauf wurn mit em Fenger drei Kräuz gemocht, dos sodde die drei höchste Nöme bedäute on dofür sorche, daß kää Hex droging (aal Überlieferung).

Üwer Nocht wor dann dos Merschel aufgegange, on es konnt gedäächt wörn. E beßje Saalz mußt aach enei. Dos dääche wor gor niet so leicht. De Dääch wur stöckerjesweis hie on her geschafft, bis e sich vo de Henn gelöst hot, dann wor e gut. Wasser mußt zwöschedurch aach noch nochgeschütt wörn. Mancher Schwäßtroppe wur dodebei vergosse.

Wor de Dääch ziemlich gegange, wur mit em Schubkerrn es Hoolz – die Backwell – ins Backhaus geforrn on de Ofe ogehetzt. Wann es Hoolz ogebrannt on die Öwerseite vom Backofe weiß wor, wurn die Koll mit de Krögge – dos wor e Stange mit eim ogerunde Querbreed – raus geschowe. Dann kom de Huddellumpe o die Reih. Dos wor e

Stange mit em nasse Sack dro, mit dem wur de Backofe schö sauwer gefecht, domit jo kä Köllje om gebaggene Brod hänke blieb.

Dann ging's mit em Schubkerrn wieder häm, de Backdroog aufgelade on ins Backhaus geforn. Etz mußt mer beim Brodeischisse zu zwät sei. Äns hot ausgehowe – d. h. es wur e Stöck Broddääch genomme on en Lääb drauß gefurmt –, der wur off än mit Mehl oder Kleie bestäubte Schisser gesetzt. Es anner hot den Lääb in Ofe enei geschosse. Es letzt beßje Dääch wur mit de Droogkratze zusamme gemocht, dos gob e klä Lääbje – de Kratzekuche. Dodenoch mußt es Brod ugefähr 1½ Stonn setze. ¼ Stonn für em ausschisse wur jeder Lääb noch emol rausgeschosse, owe mit Wasser bebenselt on noch emol kurz neigesetzt. Dodurch hot es Brod en schöne Glanz kricht.

Es ausschisse ging schnell. Die fertiche Brodlääb wurn im Backdroog aufgestellt, hämmgeforn; on wann se ausgekühlt worn, kome se in Keller off die Brodhänke. Dos wor e Lattegestell, dos frei o de Kellerdeck hing, do blieb es Brod frösch, on es konnt kä Maus dro.

Manchmol wur aach en Brodmehlskuche mitgebagge. Do wur Broddääch off em Blech ausgewelchert, owe drauf kom bei ons meistens Zocker on Zimt, Butterflocke oder Rahm. Dos hot als ganz gut geschmeckt, zumol de Kochzedel om Backdooch ziemlich mau wor. Entweder es gob Sprötzkartoffel, dos worn Salzstöcker mit ner Brüh drü nü oder e deck Soppe. Vo bädem wod ich niet vill wesse.

Onser Backdroog, den de Schreiner Hany emol gemocht hot, on die Droogkratze vom aale Kopperschmied sei häut noch bei ons em Bude im Wächterschbach. Es Rödersch ihr Backhaus ewer wur 1958 weche Baufälligkeit ogeresse. Off dem Platz wus stohn, planzt de Golde Bernhard on sei Ilse etz Blomme droff.

Vom Backdooch wie e früher wor on em Backhaus ewer kann mer aach sa: „Es wor e mol."

Gretel Becker

Vermerk:
Aus Bergwinkel-Wochenbote
März 1983

„Hast Du keinen Anzug mehr, gehst Du hin zur Jugendwehr.
Denn die schöne Uniform die schützet Dich vor Kält und Sturm."

In den Jahren 1914 bis 1918 war die vormilitärische Erziehung der Kinder in der „Jugendwehr" organisiert.

Den Ersten Weltkrieg (1914−1918) erlebt

„Im Juli 1914 zogen leider dunkle Wolken am Horizont empor; es gibt Krieg, so wurde gemunkelt. Der österreichische Thronfolger war am 28. Juni 1914 in Serbien ermordet worden. Österreich erklärte Serbien daraufhin den Krieg, und da Deutschland mit Österreich ein Treuebündnis hatte, hingen wir automatisch mit drin. Am 1. August wurde die allgemeine Mobilmachung ausgerufen − eine düstere Stimmung kam über uns. Ich hatte seit sechs Wochen eine Lehrstelle bei einer Schneiderin, doch meine Mutter ließ sich von einer Bekannten überreden, mich in jenen Tagen als Hausgehilfin nach Frankfurt zu schicken.

Täglich zogen durch Frankfurts Straßen Soldaten zum Hauptbahnhof mit Blumensträußchen auf den Gewehren. Ihre Parole war: ‚In vier Wochen sind wir wieder daheim.' Doch sie täuschten sich; es sollten vier lange, schreckliche Jahre werden. Im Jahre 1915 wurden Lebensmittelmarken an die Bevölkerung ausgegeben. Die Folge war meine Entlassung durch die Frankfurter Familie; sie nahmen sich statt meiner eine Stundenfrau, um kein Essen geben zu müssen.
Plötzlich war ich wieder zu Hause, natürlich war auch meine ehemalige Lehrstelle durch eine andere besetzt."

Frau Reiners war in der Folgezeit in Hanau

und Frankfurt-Höchst als Hausgehilfin beschäftigt. In ihrer Freizeit fuhr sie jedoch immer nach Hause, so daß sie über die Steinauer Verhältnisse zur damaligen Zeit gut Bescheid wußte. Sie berichtet darüber folgendes:

„Der Krieg tobte immer noch, es war Ende des Jahres 1917, und die Verluste an Menschenleben wurden täglich größer. Auch nach Steinau kamen wöchentlich Gefallenenmeldungen. Pfarrer Römheld hatte die traurige Aufgabe, die Hiobsbotschaften den betroffenen Familien zu übermitteln. Die Glocken wurden von den Kirchtürmen heruntergeholt, die Kupferkessel mußten abgeliefert werden, um Munition herstellen zu können. Vater hatte unseren Kupferkessel im Heu versteckt und ihn dadurch vor dem Einzug bewahrt. Monatlich wurde die Kriegsanleihe eingezogen; Vater hat das Geld nie wieder gesehen. Eines Tages kam unsere letzte Kaiserin Auguste nach Höchst und besichtigte auch die Räume, in denen ich tätig war. Sie trug ein einfaches blaues Kostüm und hatte einen großen Hut mit einer Straußenfeder auf.

Mittlerweile hatten wir schon das Jahr 1918. Allmählich hing jedem der Krieg zum Halse heraus. Am 8. November desselben Jahres war alles vorbei. Kaiser Wilhelm II. flüchtete nach Holland. Er hatte sein Volk einfach verlassen, das er in diesen unseligen Krieg geführt hatte. Die Deutschen kapitulierten; von allen Fronten gings zurück. Jeder atmete auf, daß das Morden endlich zu Ende war.

Nach Steinau, Schlüchtern und Bellings wurden Teile des 63. Frankfurter Artillerieregimentes gelegt. Fast in jedem Haus wurde

Soldaten bewegten mit sechs Pferden eine Kanone durch Ulmbach. Nach Beendigung des Ersten Weltkrieges zogen die Resttruppen zu Sammelstellen, wo sie wenig später aufgelöst wurden. Das Steinauer Schloß und der Bereich südlich davon waren Sammelpunkte für bestimmte Truppenteile.

Militär einquartiert, auch wir bekamen einen Soldaten zugeteilt. Er war bei der Feldküche beschäftigt, die im Steinauer Schloß eingerichtet wurde. Durch ihn lernte ich meinen späteren Mann Andreas kennen, der ebenfalls in der Feldküche arbeitete.
Worauf wir so lange verzichten mußten, Musik und Tanz, das konnten wir jetzt nachholen. Der große Hausflur im Schloß bot dafür Platz genug. Meine beiden Freundinnen und ich verlebten ein paar fröhliche Stunden mit den Soldaten. Doch um 22 Uhr war der Zapfenstreich, und alle mußten pünktlich in den Quartieren sein. Andreas wohnte am Steinweg bei Dillenburgers."

Anna und Andreas Reiners im Jahre 1918. Herr Reiners war als Soldat bei der Feldküche und in 1918 vor der Auflösung seines Truppenteiles im Schloß einquartiert. Dort lernte er auch seine spätere Frau kennen.

Ein Hut ersetzt leicht den Suppenteller

Nach dem Ersten Weltkrieg löste sich in Steinau das 63. Feldartillerieregiment auf. Der Wagentroß der Truppe und einige Geschütze standen damals vorübergehend oberhalb des Schlosses im freien Feld.
Zu dieser Zeit waren die Grundstücke noch nicht bebaut; die Schießhalle lag von Bäumen umgeben allein auf weiter Flur. Im Schloß und seiner Umgebung kampierten Soldaten der Resttruppe. Sie wurden von der ebenfalls im Schloß installierten Feldküche versorgt. Und wie das beim Militär so üblich ist, machte die Unterscheidung nach Dienstgraden auch beim Essen nicht halt: Die einfachen Soldaten mußten aus dem Eßgeschirr essen, während die Offiziere ihr Menü auf einem Zinnteller serviert bekamen.
Und da zur damaligen Zeit, nach einem verlorenen Krieg, die Not in der Bevölkerung wieder einmal außerordentlich groß war, verteilten die „Küchenmeister" das übriggebliebene warme Essen an die hungernden Zivilpersonen.
Zu dieser regelmäßig erscheinenden Kundschaft zählte auch der „Kappe-Peter", ein Steinauer Original und dazu Junggeselle. Doch der Peter hatte nie Geschirr bei sich. Und so bekam er vom Küchenpersonal immer einen Zinnteller, der eigentlich für die Offiziere gedacht war, mit der Auflage, diesen nach dem eingenommenen Mahl am Schloßborn abzuspülen und zur Feldküche zurückzubringen. Peter ließ allerdings die Zinnteller unauffällig „mitgehen". Und so verringerte sich der Bestand an Tellern immer mehr.
Als er eines Tages wieder erschien und um Suppe bat, war für das Küchenpersonal „das Maß voll". „Entweder, Du bringst eigenes Geschirr mit, oder Du bekommst nichts mehr", so lautete die barsche Antwort eines Soldaten. „Ich hoab äwer so en Honger, gehts da wirklich net?" „Nein, nein, wir brauchen

die paar Teller für uns, Du nimmst die alle mit nach Hause!" „Joa, wie kriech ich dann doa woas zu esse?" fragte der „Kappe-Peter" mitleiderregend. Und da der Peter einen steifen Hut auf dem Kopf trug, kam dem „Küchenbullen" ein genialer Gedanke. „Komm her, wir hauen Dir einen Schlag Suppe in den Hut hinein!" Kaum ausgesprochen, befand sich ein großer Schöpflöffel voll heißer Suppe in Peters Hut, und der aß genüßlich vor Heißhunger alles auf. Und das, was er eigentlich nach dem Mahl mit den vorher mitgegebenen Zinntellern machen sollte, das vollführte er jetzt mit seinem Hut! Er spülte ihn gründlich im Schloßborn aus.

Der „Kappe-Peter" hieß mit Familiennamen Müller und wohnte in dem Haus, das vor einiger Zeit von der Familie Börner (Farbengeschäft) zur Ladenerweiterung gekauft wurde. Oft führte der Peter den kleinen Jungen seines Bruders in dieser Gegend spazieren. Jedesmal, wenn er mit dem Kleinen bei „Foto-Merze" vorbeikam, wollte der Bub Bonbons lutschen. Das Fotogeschäft führte damals auch schon Süßwaren. Und wenn der „Kappe-Peter" dann für fünf Pfennige Bonbons kaufen wollte, wiederholte sich immer wieder folgender Satz: „Für fönf Fennich Guts, gute Morje Fraa Merz, für meim Bruder Klöasje sei Heinerichelje Guts!"

Inflation, Hunger und Not

Andreas und Anna Reiners heirateten im August 1920, in einer Zeit, da Deutschland durch das Diktat der Siegermächte buchstäblich auf dem Kreuz lag. Der Versailler Vertrag vom 28. Juni 1919 trat im Januar 1920 in Kraft und brachte den Menschen Hunger und Not. Die Inflation erreichte 1923 ihren Höhepunkt. Der „kleine Mann" war zwar Banknotenmillionär, doch er konnte sich für die gedruckten Geldscheine nichts kaufen. Es gehörte schon viel dazu, gerade in dieser Zeit eine Familie zu gründen, denn niemand wußte, wie es in Zukunft eigentlich weitergehen sollte.

Stellvertretend für viele Frauen, Männer und Kinder, die diese traurigen Zeiten deutscher Geschichte am eigenen Leib miterlebt haben, möchte ich nun wieder Frau Reiners zu Wort kommen lassen, die uns einige Eindrücke aus ihrem familiären Erleben aufgezeichnet hat: „Andreas und ich heirateten am 14. August 1920. Im Hausflur des Schlosses richteten wir uns nach einiger Zeit eine Küche ein. Acht Tage vor Weihnachten desselben Jahres wurde plötzlich unser Vater schwer krank – Lungenentzündung und Herzschwäche. Am 2. Weihnachtsfeiertag schloß er für immer die Augen. Waren das traurige Weihnachten; Gretchen war erst elf Jahre, und Peter wurde am Beerdigungstag gerade 15 Jahre alt.

Wir waren mit einmal sehr arm; der Tod des Vaters hatte unser Leben drastisch verändert. Andreas arbeitete im Sägewerk Frischkorn bei schlechter Bezahlung, und ich bügelte jede Woche an drei Tagen Stärkwäsche. Für einen Kragen nahm ich 5 Pfennige und für das Bügeln eines kompletten Hemdes verlangte ich 20 Pfennige. Solange wir noch keine Kinder hatten, konnten wir uns damit mehr schlecht als recht finanziell über Wasser halten.

bereits auf der Straße. Als unser Junge acht Monate alt war, wurde auch Andreas arbeitslos. Der Betrieb in Rumpenheim hatte alle auswärtigen Arbeitnehmer entlassen.

Für uns begann eine trostlose Zeit: Stempeln gehen – sechs bis acht Wochen ohne Geld – dann für Mann, Frau und Kind 8,60 Mark pro Woche – das reichte nicht fürs tägliche Leben. Uns erwuchsen Schulden durch Miete, Strom und Brand, noch nicht einmal für Schuhsohlen war das nötige Geld da. Dem „Vater Staat" war es anscheinend egal, wie die Familien darbten.

Es ging einige Zeit so weiter: Ein paar Wochen irgendwo Notstandsarbeit, dann wieder wochenlang arbeitslos. Wir kamen immer mehr ins Hintertreffen. Ich wußte nicht, wel-

Die Geldentwertung erreichte im Herbst 1923 ihren Höhepunkt. Die Abbildung zeigt eine 2-Millionen-Mark-Banknote aus dieser Zeit.

Am 29. September 1922 wurde unser Erich geboren. Andreas hatte zwischenzeitlich den Arbeitsplatz gewechselt und schaffte nun in einer Schreinerei in Rumpenheim bei Offenbach. Dort war der Verdienst etwas besser. Doch die wirtschaftliche Situation in Deutschland wurde täglich schlechter; Millionen arbeitswilliger Familienväter standen

che Schulden ich zuerst abzahlen sollte. Unsere Kleidung und Wäsche war inzwischen abgenutzt, doch an eine Neuanschaffung war überhaupt nicht zu denken. Jahrelang haben wir diesen traurigen Zustand durchgehalten, bis 1929 die Dreiturm-Seifenfabrik in Steinau baute. Der Besitzer Max Wolf sah für die Firma in Schlüchtern keine Möglichkeiten der Erweiterung mehr. Schon während der Bauzeit wurden einige Leute auf Probe eingestellt, allerdings immer nur auf vier Wochen, die dann jeweils um weitere vier Wochen verlängert wurden. Andreas hatte Glück, alle Probezeiten ohne Entlassung zu überstehen. Er wurde behalten und fest eingestellt. Nun galt es, sich allmählich aus den Schulden zu winden.

Am 13. Januar 1932 wurde unsere Isolde geboren, das Familieneinkommen blieb jedoch konstant, und so mußte immer wieder weiter gekämpft werden, damit die Kinder alles erhielten, was für sie notwendig war.

Eine „Viecherei", diese Landwirtschaft — Vor dem Ernten muß gesät werden

Schaffen mußten sie von mittags 13 Uhr bis abends 19 Uhr, die Tagelöhnerinnen in der Landwirtschaft. Und für das Hacken der Kartoffeln gab es ganze 50 Pfennige Lohn, nachmittags während der kurzen Rast Kaffee und Kuchen, abends dann ein Wurstbrot. Drei bis vier Wochen vorher hatten Kühe oder Pferde den schweren Ackerpflug gezogen und eine Furche neben die andere gesetzt. Jeweils in die frischgepflügte Bodenrille waren die Saatkartoffeln eingelegt und von der nächsten Furche wieder zugedeckt worden. Das Einlegen der Kartoffeln besorgten je nach Länge des Ackers zwei bis drei Leute.

Die Saat für Gerste und Hafer lag schon auf dem Feld, es war Frühjahr – März, April. Im Juni, nach dem ersten ergiebigen Sommerregen, ging dann das ganze „Theater" wieder von vorne los. Ein bis zwei Äcker „Köhl" mußten ausgesetzt werden, und auch hier hatten die Tagelöhner und die Arbeiterinnen in der Landwirtschaft drei Wochen später wieder mit dem Durchhacken Last. Und kaum war diese eintönige Arbeit gemacht, da stand bei sonnigem Wetter bereits die Heuernte ins Haus.

Das Heu muß trocken in die Scheune

Schon früh um drei Uhr, noch halb in der Nacht, ging's los. Je nach Wiesengröße waren die Männer bestellt worden, und jeder bekam eine frisch gedengelte Sense in die Hand gedrückt, einige brachten die eigene mit. Die Mäher arbeiteten hintereinander. Kein Wunder, daß so mancher Familienvater, der um sechs oder sieben Uhr an seinem beruflichen Arbeitsplatz erscheinen mußte, dort schon erschöpft ankam. Nicht nur ein oder zwei Tage lang, nein, wochenlang! Begonnen wurde mit dem Mähen der Grundwiesen, wie man die Flächen zu beiden Seiten der Kinzig nannte. Dort stand das Gras am höchsten. Dann ging es beiderseits an den ausgestreckten Hängen hinauf, bis schließlich zum Schluß die Waldwiesen mit der Sense gemäht wurden. Wenn der Wettergott mitspielte, konnte das Heu in drei Tagen trocken sein – wenden, ausbreiten, häufeln – und das mehrmals. War das Gras schließlich richtig trocken, rechten es die zahlreichen Helfer zu Zeilen zusammen. Ein Mann gabelte es auf den Leiterwagen, und einer setzte es dort schön zurecht. Die anderen Helfer rechten jeweils wieder das liegengebliebene restliche Heu nach.

Und wie das im Sommer, besonders an schwülwarmen Tagen nun einmal so ist: Fliegen und Bremsen fliegen zuhauf in der Luft herum. Eine Plage für Mensch und Tier. Kühe und Pferde wurden von „de Bromme" sehr gequält, sie konnten einfach nicht immer ruhig vor dem Wagen stillhalten. So mußte der Lader oftmals sein ganzes artistisches Können aufbieten, um alles Heu ordentlich gestapelt übereinander zu bekommen und dabei nicht selbst abzustürzen. Höchste Eile war zusätzlich geboten, wenn am Horizont Gewitterwolken aufzogen. Naß durfte das Heu auf keinen Fall werden; die Gefahr der Selbstentzündung war viel zu groß. Dennoch, meistens ging alles glatt, die Fuhre konnte in der Scheune trocken abgeladen werden.

„Kaffee-Hannesse Kuurt" nannten die Steinauer ihren Mitbürger Konrad Euler. Schon der Bruder von seinem Großvater war das „Kaffee-Hannesse Philippche", und zwar deshalb, weil dieser früher Kaffeebohnen geröstet hatte. Der Name übertrug sich in einer Kleinstadt leicht von einem Sohn auf den anderen. Konrad Euler gehörte zu den ältesten Einwohnern Steinaus. 1889 geboren, verstarb er im Juli 1984 im hohen Alter von 95 Jahren. Ältere Steinauer erinnern sich an einen lustigen Zeitgenossen, der in seiner Jugend so manchen Streich mitmachte. Das Bild zeigt ihn im Jahre 1942 beim Mähen einer Wiese „Hinter der Burg".

Der erste Traktor, Marke Kramer, zieht den schweren Heuwagen 1940 nach Hause zum Anwesen von Heinrich Gröninger. Wir erkennen Heinrich (auf dem Wagen) und Elise Gröninger (hinter dem Steuer), Elise Hellwig und weitere Tagelöhner.

Mit dem Dreschflegel in der Hand

Ausruhen, das war im Moment ein Fremdwort. Die Getreideernte stand an, wenn das Korn reif war. Die Sensen erhielten zum Mähen ein Drahtgestell, und mit der Sichel wurden die Garben abgenommen. „Klecken" nannte man diesen Vorgang. Die einzelnen Garben auf den Ackerboden legen, Kornstroh knoten und die Garben zusammenbinden – der Arbeitsvorgang wiederholte sich immer wieder. Zum Trocknen wurden fünf oder

Kornernte im Jahre 1924 auf dem Acker „Lange Furche" in Richtung Marborn. Wir erkennen von links Fritz König, Georg Buß, Fritz Buß, Philipp Buß und Frau Hüfner, sitzend ein junger Besucher aus Walldorf.

Kuhgespann vor der Ausfahrt zum Ernteeinholen im Jahre 1941. Von links: Ilse Hildebrand, geb. Gröninger, Margarete Trabant, Opa Paul, Ursula Marquardt, geb. Tripp und Heinrich Gröninger.

sechs Getreidebüschel schön in Haufen aufgestellt. Das „Knottertuch" wartete bereits auf die Getreidekörner. Es war ein großes Tuch, das auf dem Leiterwagen ausgebreitet wurde und die aus den getrockneten Garben herausfallenden Getreidekörner aufsammeln sollte. Schade um jedes Körnchen, das während der Heimfahrt über holprige Feldwege verlorengegangen wäre.

Erst einmal wurden die Garben mit dem reifen Getreide auf dem Scheunenboden gelagert. Im Winter, wenn draußen auf dem Feld Schnee und Frost eingekehrt waren, ging's auf dem Scheunenboden erst richtig los. Das Klipp-Klapp der Dreschflegel war nicht zu überhören und anstrengend obendrein. Eine Dreschmaschine erlöste einige Jahre später die armen Kerle mit ihren Dreschflegeln. Allerdings standen nun die Erntewagen manchmal stundenlang Schlange, bis sie an der Reihe waren. So manche Fuhre konnte von der Dreschmaschine erst zur nächtlichen Stunde bearbeitet werden. Auch Weizen wurde in der Maschine gedroschen, nur Hafer und Gerste sind später noch nach der herkömmlichen Art geerntet worden – mähen, wenden, zu Haufen zusammenbinden, trocknen, abtransportieren, lagern und im Winter mit Dreschflegeln dreschen.

Herbst – Zeit, die Keller zu füllen

Mit dem „Grummet" mähen kündigte sich langsam der Herbst an. Das Gras war kürzer und daher weniger schwer zu bearbeiten. Die Waldwiesen wurden nicht mehr gemäht. An-

Fritz Buß und Konrad Hüfner beim Einholen von Grünfutter im Jahre 1942.

Steinauer Frauen beim Vesper draußen auf dem Feld. Bild um 1930.

sonsten war alles wie im Sommer beim Heumachen, nur das Trocknen dauerte etwas länger; die Wiesen waren schon feuchter geworden. Es ist Herbst, das Kartoffelausmachen beginnt. Doch zuerst müssen die im Mai gesteckten Buschbohnen beidseitig der Furchen herausgezogen werden. Sie wurden für die „Bonnsoppe" gebündelt und unter dem Scheunenvordach zum Nachtrocknen aufgehängt.

Die Kartoffelsträucher konnten entweder mit der Hacke, „Koarsch" genannt, samt Kartoffeln herausgezogen werden, oder die Kartoffelreihen wurden umgepflügt. Letzteres hatte den Vorteil des leichteren Arbeitens und der Zeitersparnis, allerdings auch den Nachteil, daß viele Kartoffeln vom Pflug oder den Tierhufen zerstört wurden. Zum Kartoffellesen waren wieder etliche Helfer im Einsatz, damit die Arbeit in wenigen Tagen abgeschlossen sein konnte.

Beim „Köhlernte" gab es schon kalte Hände – die letzte Ernte auf dem Feld. Vorher waren die Äpfel und Birnen von den Bäumen geschüttelt worden, die Kelteranlagen standen nicht still und die Keller waren für den Winter mit Nahrung und Getränken gefüllt. Einsam zog der Landwirt auf dem Feld seine Furchen, er war jetzt mit sich und dem Zugtier alleine. War es eine gute Ernte oder hat Hagel, Hochwasser und Sturm so manche schwere Arbeit zunichte gemacht? Ackern und eggen – Vorbereitung für die nächste Saat – Hoffen auf eine neue Ernte im nächsten Jahr – ein ständiger, immer wiederkehrender Ablauf.

„Hotter net mein Oarsch gesehe?"

Die Mutter von der „Heilmanns Liese", das war die „Grauls Liese", und die hatte einen kleinen Sprachfehler. Sie konnte nämlich das „K" nicht richtig aussprechen. Genauer genommen, sie hat es ganz verschluckt, zumal wenn es am Anfang eines Wortes stand. Die gute Frau half oft zur Erntezeit in der Landwirtschaft und verdiente sich nebenbei ein kleines Zubrot.

Die „Tor-Buße" unten am Steinweg holten sie alljährlich zum Kartoffelausmachen. Und wenn im Hermes dann beim Frühstück alle erzählend und kauend beeinander saßen, konnte sich der „Schuster Buß" (Nikolaus Buß) nicht verkneifen, der „Grauls Liese" ihren Koarsch zu verstecken. Als „Koarsch" bezeichnet man eine spezielle Hacke zum Kartoffelausmachen.

Kurz und gut, als die Frau nach dem Frühstück wieder ihre Arbeit aufnehmen wollte, war die Hacke weg. Und da sie das „K" nicht aussprechen konnte, fragte sie die Anwesenden: „Hotter net mein Oarsch gesehe?" Die Mithelfer konnten nur mühsam das Lachen unterdrücken und verschmitzt fragte der Schuster Buß noch einmal, weil es so schön war: „Woas hoaste gesaat?" „Hotter net mein Oarsch gesehe?" – „Nee, den hommer net gesehe," kam die Antwort. Und in der Ackerfurche bückten sich bereits wieder einige Frauen grinsend zum Kartoffelausmachen – „Hotter net mein Oarsch gesehe?"

„Gänsefritzje" und „Säumechel"

Wenn am Morgen die Trillerpfeife des Gänsefritzjens ertönte, dann kamen mit großem Geschnatter die Gänse aus ihren Ställen heraus. Ställe, ja das waren manchmal nur die bescheidenen Hohlräume unter den Eingangstreppen der Häuser! In Steinau gab es eine stattliche Anzahl dieses Federviehs. Gänsehirte Friedrich Schmidt bekam nicht selten seine liebe Not, bis er sie alle zusammengetrieben hatte. Die Gänse wiederum, sie mußten sich viel erzählen nach dem morgendlichen Wiedersehen. Und so ging es schnatternd, aber gemächlich im Watschelgang zum „Gänsberg" hinauf. Der war ganz schön weit, unterhalb des Weinbergs, über den Bahngleisen links hinter der Bahnbrücke. Der karge Graswuchs auf dem Kalksteinboden konnte den Hunger nicht richtig stillen, und so flogen oftmals schon nach kurzer Zeit einige gefräßige Gänse auf und davon, weil sie in der Stadt reichlichere Nahrung vermuteten. Abends wurden die „Flüchtlinge" von ihren Besitzern regelmäßig in allen Ecken gesucht.

Doch wenn am Spätnachmittag das Gänsefritzje zum Aufbruch pfiff, dann war auch bei den übrigen Gänsen die Geduld völlig vorbei. Sie flogen einfach im „Tiefflug" in Richtung Stadt. Die „Einflugschneise" befand sich entlang der Vogelsberger Straße in Richtung „Gänsewiese". Viele hatten ihre schweren Körper in der Eile nicht mehr unter Kontrolle und verpaßten eine ordnungsgemäße Landung. Sie krachten mit lautem Knallen gegen Scheunentore, Hauswände oder gar Fensterscheiben und blieben benommen auf dem Boden liegen. Nach kurzer Zeit hatten sie sich wieder aufgerappelt und watschelten weiter. Dieses Schauspiel wiederholte sich täglich – dumme Gänse konnte man da nur sagen.

Wenn mittags Gestank und Grunzen am „Säumarkt" unerträglich wurden, dann war dies ein Zeichen dafür, daß Michael Müller die Schweineherde zusammentrieb und zum Hüten an die „Schiefer" brachte. Überall krochen sie herum, unter den herumstehenden Leiterwagen oder in den engen Gassen und deren zahlreichen Winkeln. Und es kostete schon ein schönes Stück Arbeit, bis der „Säumechel", wie ihn die Steinauer nannten, alle Schweine aus der Stadt getrieben hatte. Die Kinder halfen dabei, sie zogen einfach an den Ringelschwänzchen der Schweine, bis diese schreiend in die richtige Richtung rannten. Es war schon etwas los vor mehr als siebzig Jahren auf den Straßen unserer Stadt!

Friedrich Schmidt, in Steinau bekannt als „Gänsefritzje", mit Ehefrau, aufgenommen zu Ostern 1934.

Der merkwürdige Tod eines Schweines kam vor den Kadi

Das Schweinehüten in früheren Zeiten war nicht immer einfach, denn die vielen Tiere hörten dann und wann nicht auf das Kommando des amtierenden Schweinehirten. Und so kam es, daß der „Säumechel" nicht selten ein Schwein auf Abwegen mit dem Stock traktieren mußte, um seine Herde zusammenzuhalten.

Eines Tages hatte sich wieder einmal ein Tier von der „Truppe" entfernt und den Zorn des Hüters erregt. Ein kurzer Schlag mit dem Stock zeigte allemal seine erzieherische Wirkung, doch diesmal traf der „Säumechel" die Sau so unglücklich am Kopf, daß sie tot liegen blieb. Der Bauer, dem durch den plötzlichen Tod des Schweines ein erheblicher materieller Schaden entstanden war, zeigte den Übeltäter sofort an. Und so fand sich der ansonsten rechtschaffene Mann vor den Schranken des Gerichtes wieder. Die Augen des strengen Gesetzes waren es auch, die dem „Säumechel" die Sprache verschlugen. Der Amtsrichter versuchte „mit Engelszungen" eine Schilderung des Tatherganges aus ihm zu entlocken, doch der Angeschuldigte blieb vorerst stumm. Daraufhin versuchte es der

Richter ein letzte Mal: „Sie brauchen sich hier überhaupt nicht zu genieren, wir sind alle nur Menschen. Nun sagen Sie uns doch ganz einfach, Herr Müller, so wie Ihnen der Schnabel gewachsen ist und so, daß es jeder versteht: Wie war denn das mit dem Schwein?" Da antwortete der „Säumechel", erst verlegen, dann forscher: „Ogenomme, Herr Amtsrichter, Sie wär'n die Sau und schpröge durch en Zau, da hieb ich Ihne off Ihr'n Schwernot's Rüssel, Herr Amtsrichter, so woarsch, die Sau war im Oarsch!"

Eine Sau wird totgemacht: Schlachtfest!

„Wenn die Sau am Haken hängt, wird erst einer eingeschenkt!" „Prost" hieß es mit klarem, gut gekühltem Korn, wenn der Metzger die zwei Hälften des Schweins am Hängeholz aufgehängt hatte. Dies war der Grund, gerade jetzt einen „Kurzen zu heben". Das Schwein war tot, abgebrüht, vom Fleischbeschauer untersucht und die Innereien herausgeschnitten; jetzt ging's ans Fleischportionieren und ans Wurstmachen.

Nur wenige Privatpersonen konnten so viele Abfälle zusammenkratzen, um ein Schwein zu mästen. Das blieb meistens den Landwirten vorbehalten. Dennoch, es gab einige Haushalte, die ihre Sau bis kurz vor Weihnachten fett bekommen hatten. Abends vor dem Schlachten, da wurde erst einmal das nötige Schlachtgeschirr herbeigeholt: Brühtrog, Kessel, Hängeholz, Haken, Messer, Dosen, Därme und vieles mehr. Und in der Früh' stand bereits der große Kessel mit Wasser auf dem Ofen. Er bekam richtig „Zunder", damit das Wasser auch kochte, wenn der Metzger erschien. Meistens wurde sogar der Waschkessel angeheizt.

Der Metzger ging auch gleich zur Sache und band dem Schwein im Stall den Strick um eines der Hinterbeine. Spätestens jetzt ging

Hausschlachtungen waren früher weitverbreitet. Hier, in einem der Hinterhöfe in der Altstadt, hängen die geschlachteten Schweine. Es ist Winter im Jahre 1930. Hausmetzger Peter Heidt, genannt „Götze Peterje" ist noch bei der Arbeit.

das laute Gequietsche und Geschrei los; die Sau konnte einem leid tun. Die Kinder flüchteten in die Nachbarschaft und tauchten erst wieder auf, wenn alles vorbei war. Das Schwein lag dann tot im Brühtrog, es bekam die Haare abrasiert und wurde immer wieder mit heißem Wasser übergossen. Auf einem Holzgestell wurde es gänzlich sauber gemacht, dann schnitt der Metzger die Pfoten ab – es hieß, es bekäme die Schuhe ausgezogen.

Ein schöner Anblick war es gerade nicht, wenn die starken Männerarme die tote Sau an das gekrümmte Hängeholz hingen und der Metzger mit scharfem Messer und gezieltem Schnitt das Tier halbierte. Der Fleischbeschauer war schon verständigt, denn die Sau mußte ja auch gesund sein. Trichinen, das wäre verheerend gewesen. Der Metzger hatte inzwischen die Innereien herausgenommen, Lunge, Leber, Därme. Sie standen in einer großen Schüssel.

„Das Schwein ist in Ordnung", hatte der Fleischbeschauer gesagt. „Darauf müssen wir ein Gläschen trinken!" Die Hausfrau hatte das Tablett mit den Gläschen und die Schnapsflasche schon in der Hand.

Ein Teil des Fleisches kochte im Kessel, der Schinken schön herausgeschnitten, der Wurstteig durchgeknetet. Es gab viel zu tun: „Griewe" schneiden, Därme säubern, Fleischwolf bedienen. Arbeit, nichts als Arbeit, aber alle waren mit Feuer und Flamme dabei: galt es doch, über Winter den Keller ausreichend mit kräftiger Nahrung zu füllen. Irgendwann war's dann auch fast geschafft: Blut- und Leberwürste, Schwartemagen und Knobelinchen waren gekocht und auf Holzhurden zum Erkalten abgelegt – Schinken, Bauchfleisch, Füße und Knochen in einem großen Steintopf mit Salzlake übergossen. Zwischendurch hatte die Hausfrau so eine richtig deftige Schlachtplatte zubereitet: Wellfleisch mit Kartoffeln und Meerrettichsoße – war das ein Genuß! Über die kleinen Blutwürste, extra 10 bis 12 cm lang gemacht, freuten sich die Nachbarskinder genauso riesig wie über die „Würschtsoppe", die dazu auf keinen Fall fehlen durfte.

„Zu Noacht" gab es Schweinebraten; der Duft zog durch das ganze Haus. Das Schlachtgeschirr mußte noch sauber gemacht werden. In drei Tagen kommen noch einige Würste in den Räucherschornstein. Das Fleisch und der Schinken in der Salzlake hatten noch Zeit; sie kamen erst in vier bis sechs Wochen zum Räuchern dran, die Knochen und die „Säufüß" konnten schon vorher gekocht werden. So ein bißchen Arbeit blieb schon noch für den nächsten Tag: Schweine- und Wurstfett ergab durch Kochen und Erkalten, versetzt mit „Griewe", einen wohlschmeckenden Brotaufstrich.

Ein Metzger in Nöten

Sachen gibt's, über die muß man einfach lachen, auch wenn es für die Betroffenen dabei oftmals gar nichts zu lachen gibt.
Vor annähernd 60 Jahren, also etwa um 1925, konnten einige Steinauer eine makabre Szene in der Stadt beobachten: Ein angesehener Metzgermeister rannte wutschnaubend mit gewetztem Messer hinter eine stattlichen Geiß her.
Aber erzählen wir die lustige Geschichte von Anfang an: Der Besitzer einer Ziege hatte das Tier dem Metzger zum Schlachten gebracht. Doch der hatte keine Zeit, die Geiß sofort zu schlachten und sperrte sie über Nacht in einen Raum neben dem Schlachthaus ein. Als er am nächsten Morgen zur Tat schreiten wollte, um dem Geißlein den Garaus zu machen, erlebte er eine böse Überraschung. Das listige Tier konnte sich beim Öffnen der Türe durch einen gewaltigen Satz am Metzger vorbei in die Freiheit retten. Als bei diesem der erste Schreck vorüber war, nahm er sein Schlachtmesser in die Hand und rannte hinter der flüchtenden Ziege her. „Warte nur,

du verdammtes Biest, dich krieg ich!" Doch das Tier witterte wohl den nahenden Tod und setzte ungeahnte Kräfte frei. Keuchend und fluchend folgte der Metzgermeister. Die Geiß kannte sehr wohl ihren Weg, war sie ihn doch in der Herde mit dem Ziegenhirten schon oft gelaufen: den Stadtberg hinunter, über die Bahnhofstraße die Steinkaute hinauf und dann Richtung Weinberg. Mit einem Satz hatte die Ziege die geschlossenen Bahnschranken mühelos überquert, während der Metzger warten mußte, bis der Zug endlich vorbeigefahren war. Und so vergrößerte sich zwangsläufig der Vorsprung der flüchtenden Geiß.

Oben auf dem Berg kam durch Zufall Jagdaufseher Ullrich daher. Er betreute damals das Revier von Dr. Beutler aus Berlin. In seiner Not rief der völlig entnervte und nach Luft ringende Metzgermeister: „Schieß sie ab." Ullrich legte seine Flinte an und konnte die Geiß mit einem Schuß zur Strecke bringen. „Wie bekomme ich das Tier jetzt in die Stadt?" überlegte der von seinen Qualen erlöste Metzgermeister. Schließlich lieh ihm der Jagdaufseher, der in dem einzigen Haus auf dem Weinberg zur damaligen Zeit wohnte, einen Schubkarren zum Abtransport der toten Ziege zurück nach Steinau ins Schlachthaus.

„Hut hebt sich, Haar sträubt sich . . .!"

Gespenstige Geschichten von Geistern und mysteriösen Gestalten im fahlen Mondlicht hinter dunklen Büschen vorbeihuschend – wie oft haben die Großeltern den Kindern am warmen Kamin davon erzählt. Sie wurden mit reichlich gruseligen Worten untermalt, die Kleinen saßen mucksmäuschenstill und wagten kaum zu atmen. Die wenigsten dieser Erzählungen hatten sich wirklich zugetragen; sie stammten aus der Märchen- und Sagenwelt.
Karl Müller aus der Bahnhofstraße, in Steinau früher bekannt unter dem Namen „Daawe Karl" (von taub, schwerhörig), hat uns eine Begebenheit übermittelt, die sich wirklich ereignete. Südwestlich der Stadtmauer, am Hasenberg, da wo heute die Katzenbrücke über den Sennelsbach führt, schlängelte sich ein schmaler Pfad hinunter über einen Steg zur Seidenröther Straße. Die Steinauer nannten ihn „Hoasepödje".
Es war Abend, der Himmel voller Sterne, und der Mond warf sein mattes Licht über den Hasenberg. Gespenstige Stille – ein bißchen Mut gehörte schon dazu, zu dieser Uhrzeit auf dem Pfad hinunterzulaufen. Der „Daawe Karl", der hatte die Courage; er war schon auf dem Weg. Doch plötzlich verharrt sein Schritt. Steht da vorne nicht jemand mit weißem Gesicht? Noch ein paar Schritte, Unsicherheit befällt ihn und Angst macht sich in ihm breit. „Da steht doch einer", denkt er und überlegt, ob er nicht vielleicht doch besser wieder zurücklaufen sollte. „Doch dann", erzählt er, „hab' ich mein Herz in beide Hände genommen und bin, Hut hebt sich, Haar sträubt sich, murmelnd einfach vorwärts gegangen direkt auf die ominöse Gestalt zu. Und als ich an die besagte Stelle kam, steht da doch der Baumstumpf einer „Haabüche" (Hainbuche). Das vom Mondlicht angestrahlte Gesicht der Geistergestalt war nichts anderes als die helle Schnittstelle des Baumstumpfes, und die weißlich durchsetzte Rinde des Stammes sah aus wie der Umhang des mannsgroßen Geistes.

Listige Befreiung eines „armen Sünders"

Das strenge Auge des Gesetzes blickte tags wie nachts ohne Gnade auf die Bürgersleute hernieder. Kaum ein Sünder konnte sich dem Zugriff der Ortspolizeigewalt entziehen, denn Zucht und Ordnung gehörten zu den obersten Tugenden preußischer Moral. Jugendstreiche oder übermütiger Spott, sie mußten scharf geahndet werden. Schließlich untergruben derartige Delikte junger Burschen die polizeiliche Autorität. „Wehret den Anfängen", war die Losung bei örtlicher Strafverfolgung.

Und so kam es, daß sich der junge Mitbürger Erich Steinke plötzlich in der Gefängniszelle des ehemaligen Brauhauses in der Hauptstraße wiederfand. Wir schreiben das Jahr 1922. Da, wo sonst Tippelbrüder und Obdachlose ihr Nachtlager aufschlugen, mußte er hinter Gittern seine gerechte Strafe absitzen. Denn immerhin hatte er nicht gerade zimperlich den Ortspolizisten Fritz Doll verspottet und beleidigt, ein Vergehen, das selbstverständlich keine Milde duldete. Und so saß Erich bei Wasser und Brot hinter besagten Gefängnisgittern.

Doch unterdessen sannen seine Freunde nach, wie man wohl dem armen Kerl die Nacht auf dem kalten Gefängnisboden ersparen könne. Der Nachtwächter Witt besaß den zweiten Schlüssel! Dort mußte die Lösung des Problems liegen!

Die jungen Burschen wußten, daß der gute Witt nach seinem nächtlichen Rundgang durch die dunklen Gassen Steinaus gerne noch einmal die Gaststätte „Zum grünen Baum" aufsuchte, um sich für den Rest des Streifzuges noch etwas „Mut anzutrinken". Und so wurde seine Ankunft von den Freunden draußen bei „Hildebrands" schon sehnsüchtig erwartet.

Bereitwillig machten die jungen Männer am Stammtisch Platz, als Witt mit seinem alten Militärmantel aus dem Ersten Weltkrieg und ein Paar zerschlissenen Holzschuhen an den Füßen das Lokal betrat. Den Mantel hängte er

an den Kleiderständer, bevor er sich händereibend unter die jungen Leute setzte und einen „Klaren" bestellte. Es sollte nicht der letzte Schnaps an diesem Abend gewesen sein, den der Nachtwächter durch seine Kehle rinnen ließ. Die Burschen bestellten und bezahlten eine Runde nach der anderen. Die Wirkung blieb nicht aus: Irgendwann war es nur noch eine Kleinigkeit, den Schlüsselbund aus Witts Mantel zu entfernen.

Als die listigen Kerle verschwunden waren, merkte auch der beschwipste Nachtwächter, daß man ihm übel mitgespielt hatte und wollte noch hinter ihnen herrennen. Als er ein paar Schritte torkelnd vorwärtsgekommen war, rief er verzweifelt: „Ich kann sie doch nicht kriegen!" Dabei deutete er auf seine klapprigen Holzschuhe und fluchte.

Die Freunde von Erich Steinke hatten es eilig. Doch man steuerte das Gefängnis nicht direkt an. Der Metzger Lotz, Vater vom „Lotze Louis", arbeitete nebenher für die Stadt im Spannfuhrdienst. Er hatte zum „Stämmerükken" eine schwere Eisenkette auf seinem Wagen und die mußte unbedingt statt des Gefangenen in der Zelle landen. Und so schleppten die Burschen die Kette zum Brauhaus, ließen Steinke frei und deponierten stattdessen das schwere Stahlbündel auf dem Gefängnisboden.

Das Gelächter war groß – der Streich war gelungen. Und es wurde noch größer, als man in dieser Nacht plötzlich dem Ortspolizisten Fritz Doll „in die Hände lief". Als der nämlich Steinke auf freiem Fuß sah, brachte er vor Erstaunen keinen Ton mehr heraus. Wie gelähmt stand er da! Die Burschen nutzten die Verblüffung der „Ortsgewalt" und zogen lachend davon.

Der Steinauer Ausscheller um 1930 beim Verkünden amtlicher Bekanntmachungen vor der „Herrenschmiede".

Ein Waggon Bratkartoffeln eingetroffen

Heute bedient sich die Stadtverwaltung des Mitteilungsblattes, der städtischen Schaukästen oder der Lokalzeitung, um wichtige Informationen und Anordnungen bei den Bürgern bekannt zu machen. Allerdings ist es noch nicht lange her, da schreckte der „Ausscheller" mit seinem lauten Ruf „Bekanntmachung" die Bürger aus ihrer Ruhe. Diese eilten dann flugs an die Fenster, um zu hören, was es wieder Neues zu verkünden gäbe. Und so passierte es auch manchmal – verständlich bei der Fülle von Nachrichten – daß es kleine Übermittlungsfehler im Informations-

fluß gab oder Fakten bekanntgegeben wurden, über die man köstlich schmunzeln konnte.

Um 1930, da schellte der „alte Schütz" mit Namen Müller in Steinau aus. Er wohnte gegenüber dem Konsum. Im Rathaus erhielt er seinen amtlichen Zettel, und dann ging es mit „Klingelingeling" und „Bekannt – machung" den Stadtberg hinunter, zuerst in Richtung Untertor.

Eines Tages, da hatte er eine sonderbare Meldung zu verkünden, welche die Zuhörer in ungläubiges Erstaunen versetzte: „Be-

kannt – machung!! Im Güterbahnhof Steinau ist ein Waggon Bratkartoffeln eingetroffen. Interessenten werden gebeten, sie dort abzuholen!" So alle hundert Meter wiederholte er die „sensationelle" Nachricht mit lautem Geklingel. Gegenüber vom „Foto-Merz" ertönte es abermals: „Bekannt – machung! Im Güterbahnhof... ein Waggon Bratkartoffeln eingetroffen...!!"
Da fragte Konrad Merz, der Vater von Fritz Merz: „Was hast Du da eben gesagt, zeig' mir doch einmal Deinen Zettel her", und er las die Meldung langsam. „Ja, verflixt nochmal, da steht doch ‚Saatkartoffeln' und nicht ‚Bratkartoffeln'!"
Ja, so war das in der guten alten Zeit, aber davon ging die Welt bestimmt nicht unter.

Und noch ein bißchen früher, Mitte des 19. Jahrhunderts, als in Steinau noch Bier gebraut wurde, war man peinlichst darauf bedacht, daß das Wasser der Kinzig auch dem „Reinheitsgebot" des edlen Gerstensaftes entsprach. Das Brauhaus, heute Haus Hirschfeld, erzeugte Bier bis etwa 1870. Das notwendige Wasser dafür entnahm man der Kinzig.

Und so entstand ein lustiger Spruch, der dem „Ausscheller" in den Mund gelegt und der vielleicht aus lauter Jux auch von Spaßvögeln ein paarmal ausgeschellt wurde: „Bekannt – machung! Ab morgen früh darf nicht mehr in die Kinzig gepinkelt werden. Es wird Bier gebraut!"

Der eingeseifte Handlungsreisende

„Wo ist denn nur der Barbier hin? Der seift mich ein und verschwindet einfach!" Verzweiflung schwingt in der Stimme des empörten Handlungsreisenden mit, als die Gattin des Friseurs, durch lautstarkes Rufen herbeigeeilt, den Salon betritt und den eingeseiften Fremden hilflos vor dem Spiegel sitzen sieht.
Doch erzählen wir die Geschichte von Anfang an. Nikolaus Spielmann betrieb früher sein Friseurgeschäft gegenüber der Gastwirtschaft Eckart, im Hause Zimmer-Schien. Und wenn sich im „Weißen Roß" ein Reisender einlogierte, da kam es schon manchmal vor, daß der sich im gegenüberliegenden Friseursalon verschönern ließ. So auch an diesem Tag. Der Fremde betrat das kleine Lädchen und nahm auf dem Friseurstuhl vor dem Spiegel Platz. Im Salon befand sich niemand mehr, denn Nikolaus Spielmann hatte seiner Frau mitgeteilt, daß er am Güterbahnhof frisch eingetroffene Saatkartoffeln abholen wollte. Doch Witzbolde und lustige Zeitgenossen hat es schon immer gegeben. Drüben im „Weißen Roß", am Fenster zur Straße, da saß der „Fuchse Peter". Verschmitzt wie er war, hatte er natürlich den Vorgang beobachtet und sich sogleich einen Streich ausgedacht. Kaum war der Handlungsreisende drüben beim „Spielmanns Klöasje" in der Eingangstür verschwunden, schlich sich Peter Fuchs von der Märzgasse aus von hinten ins Haus und betrat forsch den Friseursalon. Ungeniert und mit sicherer Hand streifte er sich den weißen Kittel des Friseurs über und fragte: „Sehr verehrter Herr, was kann ich für Sie tun?" „Eine Rasur, bitte." – „Aber selbstverständlich, mein Herr." Und schon begann er mit dem Einseifen. Doch kaum hatte der Fremde den dicken Seifenschaum auf Kinn und Wange, entfernte sich Peter Fuchs mit dem Vorwand, er habe das Rasiermesser im Nebenraum liegen lassen. Nun saß er da, der Reisende, sah sein eingeseiftes Konterfei im Spiegel und wartete, wartete, wartete. Doch der Friseur wollte und wollte nicht mehr auftauchen. Irgendwann war schließlich auch seine Geduld am Ende und er schlug Krach. Die herbeigeeilte Barbiersgattin, erstaunt darüber, daß überhaupt jemand im Salon saß, konnte den guten Mann nur schwer beruhigen. Obendrein mußte sie ihm auch noch klar machen, offensichtlich einem Schabernack aufgesessen zu sein.

Steinauer erzählen, das „Spielmanns Klöasje" habe ihm nach seiner Rückkehr vom Bahnhof dennoch den Bart abrasiert; mit einiger Verspätung allerdings. Die „Steinauer Rasur" dürfte noch lange in der Erinnerung des Reisenden geblieben sein.

In den Wirtsstuben, dort wo noch am selben Abend die Geschichte zum Besten gegeben wurde, brach man in schallendes Gelächter aus. So ist das nun einmal im Leben: Wer den Schaden hat, der braucht für den Spott nicht zu sorgen.

Der Sohn vom „Spielmanns Klöasje", Heinrich Spielmann, gehört schon zu Lebzeiten zu den Steinauer Originalen. Noch heute, mit weit über 80 Jahren, steht er täglich als Friseur seinen Mann. Sein Lädchen ist ein Kleinod der Friseurzunft; es spiegelt das Leben eines fleißigen und nimmermüden Zeitgenossen wider. Auch Adam Schäfer gehört zu seinen treuen Kunden.

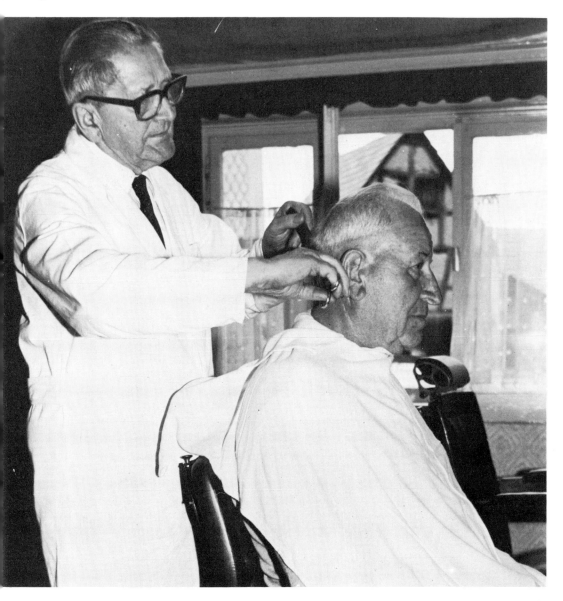

Der zähneziehende Barbier von Steinau

Die Schreie des Gepeinigten waren etliche Meter weit zu hören. Schnell hatte sich eine kleine Gruppe von Menschen vor der Walkmühle versammelt, denn gegenüber beim „Spielmanns Klöas" wurde wieder ein Zahn gezogen. Der Barbier hatte kurz zuvor sein Werkzeug, eine handliche Zange, auf dem Frisiertisch bereitgelegt. Das „Opfer" saß zusammengesunken mit dicker Backe auf dem Frisierstuhl und wartete verängstigt auf die Prozedur, die sich durch das Auftauchen der Barbiersgattin unweigerlich ankündigte. Mit gezielten Griffen hatte die Frau das Kind auf den Stuhl gedrückt, spätestens zu dem Zeitpunkt ging das markerschütternde Geschrei los. Der Barbier hatte seine liebe Mühe und Not, bis er das Monstrum von Zange erst einmal in den Mund des Opfers schieben konnte. Diese widrigen Begleitumstände waren nicht selten dafür verantwortlich, daß auch ab und zu ein völlig gesunder Zahn „versehentlich" zwischen der Zange „hängenblieb". Nach langem Hin und Her war er endlich draußen, der Übeltäter. Der Barbier wischte sich den Schweiß von der Stirn und fragte nach kurzer Erholungspause den nächsten Kunden: „Normal, kurzer Schnitt oder Facon?" Die Gattin des Friseurs hatte inzwischen diskret und leise den „Tatort" verlassen. Die Menschentraube vor dem Laden löste sich langsam auf, und alles verlief wieder nach dem gewohnten Gang. Die Angsthasen versuchten die Zahnschmerzen auf andere Weise zu vertreiben. Sie steckten sich einen mit Nelkenöl getränkten Wattebausch in den Mund. Der Schmerz ließ dann zwar vorübergehend etwas nach, um sich nach einiger Zeit noch heftiger einzustellen. Übrigens, es war ja auch wirklich kein Vergnügen, sich einen Zahn ohne Spritzen und Betäubungsmittel ziehen zu lassen!

Am Rande sei in diesem Zusammenhang noch ein besonderer Umstand erwähnt, Zufall, Erbanlage oder konsequente Weiterentwicklung praktischen Könnens: Der Vater des langjährigen Steinauer Zahnarztes Wilhelm Schultheiß war auch Barbier!

Maikäfer im Kino

Sie flogen summend dicht über die Köpfe der vielen Zuschauer hinweg und klatschten vorne gegen die Leinwand. Im stockdunklen Saal brach Unruhe aus, denn im gleisenden Lichtstrahl des Filmvorführgerätes war „die Hölle los". Ein Maikäferschwarm nach dem anderen flog im hellen Lichtkegel auf die Leinwand zu, um dort nach dem Aufprall taumelnd zu fallen. Die Zuschauer in den vorderen Reihen mußten die Köpfe einziehen; ein heilloses Durcheinander während der Kinovorführung machte sich im Saale Eckart breit. Das Licht ging an und Kinopächter Creß mußte nach dem Rechten sehen. Doch nun wurden die vielen Maikäfer erst recht rebellisch. Sie flogen kreuz und quer im Saal umher. Vorne, an der Leinwand, bewegte sich eine ganze „Traube" dieser summenden Tierchen. Herr Creß und sein Sohn mußten eine Stehleiter holen und die lästigen Maikäfer entfernen. Doch kaum war das Licht gelöscht und das Filmgerät wieder an, da ging das ganze Theater von neuem los. Die Vorstellung mußte dreimal unterbrochen werden. Zuschauer und Kinopächter fluchten. Was war geschehen? Wer waren die Übeltäter?

Die Geschichte ist einfach zu erklären. An einem Sonntag im Mai 1937 wanderten einige Jugendliche aus Steinau im Alter von 16 Jahren vorbei am Basaltsteinbruch Ohl in Richtung Acisbrunnen. Die Namen der Ausflügler sollen an dieser Stelle keine Rolle spielen. Es sei jedoch angemerkt, daß fast alle noch am Leben und vielen Steinauern bestens bekannt sind.

Und wie die Jungen so durch Wiesen und Wald laufen, entdecken sie eine Unmenge Maikäfer an Sträuchern und Büschen. Zigarrenkisten waren schnell besorgt, denn die Tierchen eigneten sich bestens als Hühnerfutter und obendrein hatte man die Büsche von den lästigen Schädlingen befreit. Die Kistchen waren im Nu randvoll. Als die Jugendlichen wieder nach Steinau zurückgekehrt waren, sahen sie viele Leute gerade ins Kino gehen. Die Filme wurden zur damaligen Zeit im Saale Eckart von Herrn Creß aus Schlierbach vorgeführt. Bis etwa 1936 von Mitte der zwanziger Jahre an und auch unmittelbar nach dem Zweiten Weltkrieg hatte der Schrott-und Altwarenhändler Gemming aus Steinau die Konzession, ein Kino zu betreiben. Aber dies nur zur Erklärung der Situation.

Die jungen Freunde entschlossen sich, ebenfalls ins Kino zu gehen, zumal ein ansprechender Film gezeigt wurde. Und als das Licht verloschen und der Film lief, da hatte plötzlich einer die Idee, den Deckel der prallvollen Maikäferkiste etwas zu öffnen. Was würde wohl passieren, wenn die vielen Maikäfer hier im Saal herumschwirrten?

Gesagt, getan, und das Geschehen nahm seinen unheilvollen Lauf. Die Jungen konnten jedoch noch unbemerkt im Dunkeln ihre leeren Zigarrenkisten an der Trennwand zum Vorführraum abstellen, so daß kein Anwesender die Übeltäter ausmachen konnte. Der Spaß führte für alle Beteiligten dennoch zum Happy-End, da nach der dritten Unterbrechung alle Zuschauer den spannenden Film ungestört zu Ende sehen konnten.

Als dann Anfang der fünfziger Jahre der neue Kinoraum in Steinau eingeweiht wurde – in dem Gebäude befindet sich jetzt das Kaufhaus Schöppner-Schmelter – da brachte Kinobesitzer Creß vor der Premiere seiner Hoffnung beschwörend zum Ausdruck, daß es ihm nicht doch noch einmal so ergehen möge, wie in 1937 bei der Maikäferaktion. Und unter den geladenen Gästen saßen schmunzelnd einige Männer mit ihren Ehefrauen – die „Bösewichte" – die damals dabei waren. Ob dies dem guten Kinobesitzer aus Schlierbach bekannt war?

Wehe, wenn die Wehen nicht kommen!

„Schnell, schnell, es ist soweit! Meine Frau bekommt das Kind!" So und ähnlich erschallte der Ruf aufgeregter Ehemänner oder Anverwandter vor der Haustür des Hauses Nr. 69 in der heutigen Brüder-Grimm-Straße. Draußen wartete schon das Pferdefuhrwerk, um die Geburtshelferin Marie Rudolph schleunigst zum Wochenbett zu bringen. Eile war geboten – der Hebammenkoffer lag griffbereit an seinem Platze. Die Kinder wurden allesamt von den schwangeren Frauen zu Hause zur Welt gebracht. Die ganze Familie wartete vor der Schlafzimmertüre angespannt auf den erlösenden Schrei des neuen Erdenbürgers. Unterdessen hatte die Hebamme alle Hände voll zu tun.

Frau Rudolph war bekannt in Steinau. Im Jahre 1902 legte sie in Marburg als 19jährige ihre Prüfung als Geburtshelferin ab und arbeitete seitdem in Steinau und Umgebung. Immerhin erstreckte sich ihr segensreiches Wirken auf annähernd 60 Jahre. Dabei hat sie aktiv mitgeholfen, daß in diesem Zeitraum über dreitausend Babys zur Welt kamen. Bei „Wind und Wetter" wurde sie gerufen. Es war für sie nicht immer leicht, rechtzeitig bei der Wöchnerin einzutreffen, vor allem, wenn im Winter Schnee auf den Straßen lag und etwa in Seidenroth eine Geburt „ins Haus stand". Moderne medizinische Untersuchungsmethoden wie Ultraschall oder Fruchtwasseranalysen gab es zur damaligen Zeit noch nicht. Das Hörrohr und die Hände galten als Universalwerkzeuge zur Bestimmung des Geburtszeitpunktes.

Natürlich hätte Frau Rudolph im Laufe ihrer langen Tätigkeit viele Geschichten erzählen können, denn ohne Komplikationen ging nicht jede Geburt ab. Die „Pille" gab es damals auch noch nicht. Psychologin, Seel-

Hebamme Marie Rudolph und ihr Mann, Spenglermeister Adam Rudolph. Beide starben im Jahre 1964. Ihnen war ein erfülltes Leben vergönnt. Frau Rudolph wurde immerhin 81 Jahre und ihr Mann brachte es sogar auf 87 Lebensjahre.

sorgerin, Geburtshelferin...! Nicht selten erfuhr die junge Patientin vom Hausarzt oder von der Hebamme in Tränen aufgelöst vom bevorstehenden Mutterglück. Natürlich „mußte" sie vom angehenden Vater unverzüglich geheiratet werden. Unehelich geboren zu sein – die bürgerliche Moral hätte dies dem kleinen Erdenbürger nie verziehen. Besonders lustig ist jedoch eine Begebenheit, die sich vor vielen Jahren in Steinau zugetragen hat. Eine junge Frau bestellte ihren Hausarzt, Dr. Richels, an ihr Bett und bat ihn, da sie schwanger war, um eine Spritze, damit ihre Beschwerden aufhören sollten. Dr. Richels besah sich die kräftige Frau und kam der Aufforderung nach. Zwei- bis dreimal, alle vier Wochen, wiederholte sich diese Behandlung. Die Frau wurde unterdessen immer dicker und erwartete sehnsüchtig zu Hause im Bett ihr Kind. Nach neun Monaten rief man die Hebamme Rudolph, da die Geburt unmittelbar bevorstehen mußte. Frau Rudolph untersuchte die junge kräftige Frau eingehend, konnte jedoch im Bauch der „Schwangeren" kein Anzeichen von Leben feststellen.

Sie sagte: „Solange ich jetzt hier sitze, hast Du aber noch keine Wehe gehabt!" „Doch, doch," sagte die Betroffene, „es krabbelt doch von unten bis oben hinauf unter das Kinn!" Man brachte schließlich die ungläubige Frau nach Schlüchtern ins Krankenhaus und überließ es Dr. Clement, ihr zu eröffnen, daß sie gar nicht schwanger sei.

Personenkraftwagen spurlos verschwunden

Die Neujahrsnacht von 1938 auf 1939 war kalt und es schneite. Steinau lag friedlich im Dunkeln und in den Wohnungen bereitete man sich langsam auf den Jahreswechsel vor. Auch die Wirte in den Gasthäusern konnten über mangelnden Umsatz nicht klagen. Doch alle diese Begleitumstände sind an Silvester nicht außergewöhnlich, wären... ja, wären an diesem Abend nicht die „Stääweger Buwe" unterwegs gewesen und hätten sogleich ein Opfer für ihre Streiche gefunden. „Dort muß er doch drin sein! Da steht doch das Auto, das wir repariert haben!" Der Spahns Willi registrierte verwundert das Personenkraftfahrzeug, Marke Adler, vor der Wirtschaft Roßbach am Steinweg. Er hatte richtig vermutet, sein Chef ließ seinen silvesterlichen Wirtschaftsbummel unweit seiner Wohnung in Roßbachs Wirtschaft enden. Das abgestellte Kraftfahrzeug war tagsüber repariert worden. Es gehörte einem Frankfurter Kunden und muß wohl nach einer Probefahrt vor dem Wirtshaus seinen vorläufigen Abstellplatz gefunden haben.

Die sechzehn- bis achtzehnjährigen jungen Burschen waren da anderer Meinung. Sie wippten und schoben an dem Fahrzeug, und es gelang ihnen auch, das Auto ein paar Meter rückwärts zu bewegen. Doch als sie an Roßbachs Hofeinfahrt mit dem Vehikel angelangt waren, sagte einer: „Ob der das Auto vor dem Lokal oder ein paar Meter seitwärts davon findet, das macht doch keinen Spaß!" Die Burschen überlegten kurz und schon kam ihnen ein vortrefflicher Gedanke: Roßbachs Remise! Kaum war die Idee ausgesprochen, wurde das Auto durch Wippen am Fahrzeugheck um neunzig Grad gedreht. Da es damals noch keine eingebauten Lenkradschlösser gab, konnten die dreisten Jugendlichen vom Steinweg durch Bewegen der Vorderräder mit dem Steuern etwas nachhelfen. Die Leiterwagen in der Remise waren schnell herausgezogen, das Auto hineinmanövriert und die Wagen wieder davorgestellt. Alles sah aus, als wäre überhaupt nichts geschehen. Die Bengels grinsten schadenfroh. Dennoch konnte oder wollte keiner die Tragweite seines Handelns ermessen; die Dinge nahmen erst jetzt ihren unheilvollen Verlauf.

Als man sich in Roßbachs Wirtschaft zum Jahreswechsel zugeprostet und jeder dem anderen ein frohes und gesundes neues Jahr gewünscht hatte, kam auch irgendwann der Zeitpunkt zum nächtlichen Aufbruch. Und da die Stimmung gut und die Getränke reichlich waren, verließen die Gäste zu vorgerückter Stunde vergnügt und leicht schwankend die Stätte ihres humorvollen Wirkens. Selbstverständlich dachte auch der Autohändler nicht mehr an das geparkte Auto und schlich über die Straße direkt in seine Wohnung.

Doch früh nach dem Erwachen fiel es ihm wie Schuppen von den Augen: „Du bist ja gestern mit dem Auto weggefahren!" Und nachdem er gefrühstückt hatte, machte er sich auf den Weg, das Fahrzeug zu suchen. Es mußte vor einem Lokal stehen, dessen war er sich sicher! Die Wirtschaftsrunde vom Vortage fand ihre Wiederholung, nur mit anderen Vorsätzen. Dennoch, wo er auch hinkam, das fremde Auto blieb wie vom Erdboden ver-

Verkehr in der Brüder-Grimm-Straße um 1930. Das waren halt noch Zeiten.

schluckt. Diebstahl, das kann nur geklaut worden sein, schoß es ihm durch den Kopf! Schon marschierte er auf dem geraden Weg zur Polizei. Beide, der Ortspolizist Lossow und der Gendarm Blum, nahmen sich der Sache an. Das Kraftfahrzeug wurde als gestohlen gemeldet.
Die jugendlichen Witzbolde saßen, bedingt durch den Lauf der Ereignisse, bitterböse in der Klemme. Man hätte ja der Schulkameradin, seiner Tochter, verraten können, wo der Wagen versteckt stand. Doch jetzt, da das Auge des Gesetzes auf der Sache ruhte, war dieses Vorhaben schier unmöglich. Untertauchen und bloß nichts sagen; alles andere wäre verheerend gewesen! Zu allem Verdruß wollte der Frankfurter Kunde, dem das frisch reparierte Fahrzeug schließlich gehörte, sein Eigentum gegen Begleichung der Reparaturrechnung am 2. Januar in Empfang nehmen! Daß der „Dumme-Jungen-Streich" für alle Beteiligten dennoch glimpflich ausging, hatte man einem Zufall und der Familie Roßbach zu verdanken. Denn noch in derselben Woche wollte die Roßbachs Berta in der Remise Wäsche aufhängen und staunte nicht schlecht, als sie hinter den Leiterwagen ein ominöses Auto stehen sah. Aufgeregt lief sie zurück in die Küche und berichtete der Roßbachs Sophie und der Louise von ihrer unerklärlichen Entdeckung. „Der Autohändler sucht doch seit Tagen ein Personenauto, das genauso aussieht, wie das in der Remise", erinnerte sich die Sophie! Kurz darauf konnte der Frankfurter Fahrzeughalter sein Gefährt zurückerhalten und die Polizei die Ermittlungen einstellen.
Den jungen Burschen vom Steinweg fiel ein Stein vom Herzen, hatten sie doch kaum die Folgen ihres Silvesterstreichs übersehen können. Heute darf darüber herzhaft gelacht werden!

Den schütteln wir heute heraus

Ein kurzer Pfiff im nächtlichen Dunkel genügte, und schon hatten die jungen Burschen alles im Griff.
Gemeint waren die Türgriffe an den vier Türen – vorne zur Straße zwei und hinten im Hof zwei – des alten Fachwerkhauses vom „Blume-Heinrich". Und nach kurzem rhythmischen Rucken wackelten zuerst die Fensterscheiben und dann vibrierte das gesamte Haus. Es dauerte nicht lange, und die Bewohner drohten aus den geöffneten Fenstern: „Macht ja, daß Ihr wegkommt!"
Die Übeltäter nutzten das damals noch spärliche Straßenlicht – man schrieb das Jahr 1939 – um unerkannt in der Neugasse zu verschwinden.
Häuserschütteln, das war damals fast ein abendlicher Volkssport. Es gab wohl kaum einen männlichen Jugendlichen, der früher nicht schon einmal Hand anlegte, um eine Hausbesatzung unverhofft zu schocken. Dieses Mal hatte man sich ein beliebtes Objekt ausgesucht, das verhältnismäßig leicht zu schütteln war: Das Haus von Heinrich Blum, in dem die Hebamme Doll und die Familie Meßmer wohnte, Dr. Gieler nach dem Zweiten Weltkrieg einige Jahre praktizierte und das schließlich vom Gastwirt Buß unlängst aufgekauft und dann für einen Geschäftsneubau wegen Altersschwäche abgerissen wurde.
Ein Haus in Steinau nannten die Jugendlichen „Wackelhaus". Der Name verriet, daß es ebenfalls öfters „geschüttelt" worden ist. Es stand zwischen dem inzwischen auch abgerissenen Haus Sauer und dem heutigen Friseurgeschäft Rüffer, da, wo jetzt die Ringstraße beginnt. „Schütteln" konnte man nur Fachwerkhäuser. Die Fensterscheiben klapperten dabei besonders laut, weil sie noch nicht eingekittet waren.
„Und wenn wir abends den Stadtberg hinuntergesprungen sind", berichtet ein Steinauer, „dann haben wir vor dem Haus des Weißbinders Eyrich (heute Wohnhaus von Frau Herd oberhalb des Untertores) erst einmal angehal-

Stadtberg mit Rathaus, links Café Euler, rechts Ratsschenke Buß, Metzgerei Doll und Friseurgeschäft Bayer. Aufnahme aus dem Jahr 1933.

Blick in den Viehhof im Jahre 1928.

ten. Auf Kommando sprangen alle Burschen gleichzeitig mit den Füßen gegen die Hausfront. Klar, daß die dadurch hervorgerufene Erschütterung auf die Bewohner wie ein starkes Erdbeben wirkte. Bevor diese allerdings ihrem Unmut durch Schimpfen aus den Fenstern Luft machen konnten, waren wir längst über alle Berge! Und am nächsten Abend galt abermals die Devise: Den schütteln wir heute einmal heraus!"

Mietze, Mietze, wo bist Du denn?

„Die Jugend von heute ist so schlimm, das wäre uns früher nicht passiert!"
Schon zu allen Zeiten versuchte die jeweils ältere Generation sich gegenüber den Jüngeren ins rechte Licht zu setzen und sparte dabei nicht mit herber Kritik gegenüber dem Verhalten jüngerer Mitbürger. Doch eines zum Trost für die Belehrten: Noch zu allen Zeiten wurde Schabernack getrieben und wurden allerlei Streiche angezettelt. Daß unsere Vorfahren früher keine Engel waren, die folgende Geschichte wird es beweisen:
In den dreißiger Jahren wohnte im Parterre des Eckartschen Hauses – das große Haus zwischen Schuhhaus Geschwindner u. Guth und dem Neubau der Apotheke Merz – eine Pfarrerswitwe. Und exakt an dieser Stelle knickte das Flußbett des bis dorthin offenen Sennelsbaches um 90 Grad ab und wurde unter der Brüder-Grimm-Straße zwischen Foto-Merz und Schlosserei Amend durchgeführt. Der offene Sennelsbach, sonst durch ein Geländer abgesichert, hatte dort durch eine Begrenzungsmauer eine brückenähnliche Einfassung. Nicht selten war diese Mauer Treffpunkt der jungen Burschen in diesem Stadtbereich. Und so kam es relativ häufig vor, daß einer der Anwesenden abends nach Einbruch der Dunkelheit auf die Idee kam, der Pfarrerswitwe wieder einmal etwas „vorzugeigen". Doch nicht etwa mit dem dafür geeigneten Instrument, der Geige, sondern mit einer einfachen Konstruktion, die bei Betätigung einen hellen Summton hervorbrachte und vom katzenähnlichen Gejaule nur schwer zu unterscheiden war. Dazu schlich man sich vor das Fenster der guten Frau und klopfte behutsam und leise eine Nadel ins Holz. Die damals üblichen Kämpferfenster mit den beiden Flügeln und dem darüberliegenden Querstück ließen eine unscheinbare Anbringung der Nadel im Querholz leicht zu. Und natürlich war auch schnell ein mit Kolophonium bearbeiteter Faden durch das Nadelöhr gezogen.
Kurz darauf hockten die Lausbuben hinter der gegenüberliegenden Mauer des Sennelsbaches und zupften am gespannten Faden. Ii – eng, Ii – eng ...! Es dauerte nicht lange und die Witwe tauchte am Fenster auf und öffnete die Flügel: „Mietze, Mietze, wo bist du denn?" Doch ihre Katze kam nicht. Kaum hatte die Frau das Fenster wieder geschlossen, ging der Spuk wieder von vorne los. Und wieder erschallte der Ruf der Pfarrerswitwe durch das nächtliche Dunkel und wieder tauchte natürlich die Katze nicht auf. Die Bengels hinter der Mauer konnten das Lachen nur mühsam unterdrücken. Nachdem die Frau auf diese Weise zwei- bis dreimal gefoppt worden war und immer noch dachte, ihre Katze befinde sich draußen, kam sie mit einer uralten Petroleumlampe aus dem Haus und suchte ihr Haustier im dunklen Vorgarten. Sie konnte sie nicht finden. Merkte sie nicht, daß man sie getäuscht hatte?
Auch gegenüber war manchmal „die Hölle los". Wie oft ist der Schlosser Amend wutschnaubend aus dem Haus zur Benzinzapfsäule gerannt, weil er vor lauter Katzengejaule nicht schlafen konnte. Manchmal hatte er sogar nur noch die lange Unterhose an, wenn er die vielen Katzen vertrieb. Doch kaum lag er wieder im warmen Bett, ging der Radau von neuem los. Es war zum Verrücktwerden! Hatten doch die Lausbuben an Amends Tankstelle Baldriantropfen hingeschüttet!
Und wie hießen diese nächtlichen Peiniger? Das soll an dieser Stelle keine Rolle spielen.

Siedler am Stadtrand oder: Vermögensbildung im „Dritten Reich"

Frau Gretel Becker, die Tochter des Ehepaares Katharina und Johannes Eberhardt, hat als junges Mädchen den Bau der ersten Häuser am südlichen Stadtrand miterlebt. Ihre Schilderung während der 50jährigen Geburtstagsfeier der heutigen Taunusstraße (früher Stadtrandsiedlung) im Sommer 1984 gehört zu den Zeugnissen erlebter Heimatgeschichte aus jüngster Vergangenheit.

Obwohl die in ihrem Bericht geschilderten Vorgänge gerade erst ein halbes Jahrhundert zurückliegen – wo Geschichte im herkömmlichen Sinne doch eigentlich viel größere Zeiträume überspannt – läßt er eine Epoche deutscher Realitäten lebendig werden, die von vielen Zeitgenossen behutsam unter den Teppich gekehrt wird. Es waren eben die kleinen Leute, die das auszubaden hatten, was die großen Politiker vermeintlich als segensreich anpriesen, nicht zuletzt aus dem Beweggrund, sich ein eigenes Denkmal setzen zu wollen. 1933 – Machtergreifung, verheißungsvolles Jahr nationalsozialistischer Prophezeihungen, 1000jähriges Reich mit arischem Stammbaum! Daß den vielen Menschen draußen auf dem Land auch in dieser von Hitler diktierten Zeit nichts geschenkt wurde, offenbart der chronologische Bericht von Frau Becker:

„Im Jahr 1933, einem Jahr der großen Arbeitslosigkeit, erging seitens der Stadtverwaltung Steinau der Aufruf, es sei geplant, am Stadtrand eine Siedlung von zunächst fünf Doppelhäusern und etwas später nochmals fünf zu bauen. Die Auflage war, daß sich vorwiegend Arbeitslose melden konnten. Bald schon waren 20 Bewerber für diese Siedlerstellen gefunden. Es sollte diesen Leuten zunächst die Möglichkeit gegeben werden, Kleinvieh, Ziegen, Schweine, Hühner, Kaninchen in dem dafür vorgesehenen Stall zu halten und aus dem großen Garten sich eine Ernährungsgrundlage zu schaffen. Von der Stadt wurden zusätzlich noch 10 Ar Pachtland für jeden Siedler zur Verfügung gestellt. Dieses Land grenzte an die Gärten.

Am 28. Juni 1933 wurde der Bau der Siedlung vom Regierungspräsidenten in Kassel genehmigt. Herausgeber war die Hessische Heimstätte Kassel, Träger die Stadt Steinau.

Es wurde ein Vertrag zwischen der Stadt Steinau und den Siedlern geschlossen, in dem sich der Siedler verpflichtete, 190 Tagewerke in Eigenleistung zu erbringen. Es bestand zunächst ein Mietverhältnis mit der Zusicherung, daß bei Bewährung und Eignung dem Siedler diese Siedlerstelle übertragen werden kann. Sollten sich Vernachlässigungen an Gebäude, Grund und Boden herausstellen, so konnte dem Siedler jederzeit gekündigt werden. Die monatliche Miete betrug vom Einzug im August 1934 bis 31. Dezember 1935 RM 3,92, vom 1. Januar 1936 bis 31. Dezember 1938 RM 9,54 und vom 1. Januar 1939 bis Frühjahr 1945 RM 13,45. In diesem Pachtzins waren laut Vertrag enthalten:

1. Vergütung von Grund und Boden.
2. Die Verzinsung und Amortisation der Kosten für den Aufbau und die Einrichtung der Siedlerstelle und der anteiligen Aufwendung für die Gesamtanlagen.
3. Die öffentlichen Abgaben für diese Stelle.
4. Die Feuerversicherung.
5. Die Gebühren für die Schornsteinreinigung.
6. Die Kosten für die Verwaltung.

Unbedingt muß erwähnt werden, daß für den Stromverbrauch ein Münzzähler installiert wurde. Wenn für 50 Pf Strom verbraucht war, mußte man schnell einen 50er einwerfen, sonst saß man im Dunkeln. Der Vertrag wurde am 30. Oktober 1934 und ein Nachtrag am 20. November 1934 vom damaligen Bürgermeister Kraft und dem jeweiligen Siedler unterzeichnet.

Die Eigenleistung der Siedler erfolgte u. a. im Brechen der Steine für das Fundament, entweder im Steinbruch von Oberhäuser auf der

Steinkaute oder auf der Trumpel. Der Sand wurde bei Seidenroth und Erdaushub für das Fundament ebenfalls in Eigenleistung selbst gegraben. Für den Bau jedes einzelnen Hauses wurden die Handwerker ausgelost. Ich weiß noch, daß unser Haus von den Maurern Euler und Amend, das waren im Steinauer Sprachgebrauch der Auguste Schorsch und der Käsfried, errichtet wurde. Für die Zimmerarbeit war das Sägewerk Frischkorn, die Schreinerarbeit das Lotte-Klösje, mit richtigem Namen Euler und für die Weißbinderarbeiten Georg Eyrich, bekannt unter dem Namen Ronge Schursch, zuständig.

Nur das Erdgeschoß wurde bezugsfertig übergeben. Der Ausbau des Dachgeschosses blieb jedem selbst überlassen. Meine Eltern hatten dies gleich ausgebaut, und ich kann mich noch gut erinnern, daß mein Vater die dadurch entstandenen Mehrkosten bei den Handwerkern teilweise abverdiente.

Jeder Handwerker hatte zur damaligen Zeit eine kleine Landwirtschaft dabei. Mein Vater ging z.B. in der Heuernte morgens und abends mit Mähen oder Heuabladen, auch noch, als er wieder Arbeit gefunden hatte.

Die Zeit der Arbeitslosigkeit, in der mein Vater 12,80 RM Arbeitslosengeld in der Woche bekam, ging dann in eine Notstandsarbeit über. Diese bestand vorwiegend im Wegebau. 41 Pf betrug da der Stundenlohn. Ein Laib Brot kostete damals 75 Pf, so daß man für einen Laib Brot fast zwei Stunden arbeiten mußte. 1 Pfund Wurst kostete 60 Pf bis 1,- RM, 1 Pfund Fleisch 1,- bis 1,20 RM, das waren zwei bis drei Stundenlöhne. Für ein Pfund Zucker mußte man 39 Pf hinlegen. Das nur zum Vergleich. Bekamen wir Kinder mal 5 Pf für ein Brötchen, so war das eine große Seltenheit. Die Frauen gingen zum Teil im Sommer an manchen Tagen mit den Bauern zur Feldarbeit. Als Lohn gab es für den halben Tag 1,- RM. Wenn einer nach getaner Arbeit Durst hatte, so konnte er nicht in den Keller gehen und nach einer Flasche Bier greifen. Da wurden wir Kinder in den Viehhof geschickt, um eine Kanne Märzborn zu holen; das war damals das billigste und gesündeste Getränk.

Anfang August 1934, teilweise auch schon im Juli, war es dann soweit, die Häuser waren bezugsfertig, auch ein kleiner Stall war gebaut, die Siedlung konnte eingeweiht werden. Sie bekam den Namen Jakob-Sprenger-Siedlung. Jakob Sprenger war zur damaligen Zeit der Gauleiter von Hessen-Nassau und zur Einweihung persönlich erschienen. Er übernahm auch die Patenschaft des erstgeborenen Jungen in der Siedlung; es war der Jakob Rüffer. Ich wurde beauftragt, mit einem von einem Steinauer Lehrer verfaßten Gedicht einen Blumenstrauß zu überreichen. Dieser Blumenstrauß kostete 1,95 RM. Dafür holte ich mir von jedem Siedler 5 Pf. Das Gedicht könnte ich heute noch wortgetreu hersagen. Ich glaube aber, daß die jüngere Generation kein Verständnis für den Inhalt hätte. Sie kann ja nicht ermessen, was damals für uns die Aussicht auf ein eigenes Häuschen, einen Garten, die Möglichkeit selbst Tiere zu halten, bedeutete. Es war für uns ein Erfolgserlebnis, den ersten Apfel oder die ersten Kirschen vom selbst gepflanzten Baum zu ernten. Wie groß war die Freude über die erste Blütendolde vom eigenen Fliederbäumchen. Ohne Beschwerde zu führen, stapften wir die unbefestigte und bei Regen aufgeweichte Straße entlang, bis die Siedler sich wiederum zusammentaten und den Ausbau der Straße in Angriff nahmen. Der Kanal wurde mit viel Schwierigkeiten selbst verlegt. Die Steine wurden gemeinsam auf der Trumpel gebrochen – im Hermes wurden kleinere Steine geholt – der Gehsand kam aus dem Ohl – gewalzt wurde die Straße von einer Firma Schmidt aus Bellings, die außer Verköstigung kein Geld verlangte.

Später wurde dann der Kaufvertrag zwischen der Stadt Steinau, den Siedlern und der Hessischen Heimstätte Kassel abgeschlossen. Ich möchte nur die wichtigsten Daten erwähnen. Die Grundstücksfläche betrug im Durchschnitt 8 Ar, der Grundstückspreis 50 Pf pro qm, bei meinem Elternhaus z.B. 409,- RM. Der Gebäudewert war mit 3 000,- RM angesetzt. Unter Anrechnung der Eigenleistung von 750,- RM und des selbstfinanzierten Grundstückspreises betrug die Darlehnsschuld 2 250,- RM. Wer das Geld für den Grundstückspreis nicht hatte, dem legte es die Stadt Steinau gegen Sicherheit vor. Die

Jakob-Sprenger-Siedlung – Stadtrandsiedlung – Taunusstraße – wie sich Namen ändern können! Abbildung aus dem Jahre 1935 mit Heinrich Rosenberger, Karl Bolender und Reinhold Herchenröder.

2250,- RM hatte der Träger, die Stadt Steinau also, bei der Bau- und Bodenbank Berlin aufgenommen und hypothekarisch abgesichert.
Als Tag der Übergabe ist der 1. Januar 1943 genannt. Die Auflassung geschah im Februar 1943, und am 30. März 1943 erfolgte die Eintragung der jeweiligen Siedler im Grundbuch, nun waren die Siedler Eigentümer geworden. Der Einheitswert meines Elternhauses betrug zur damaligen Zeit 2640,- RM.
Im Januar 1945 schrieb ich an die Bau- und Bodenbank Berlin mit der Anfrage, ob es möglich sei, einen Teil der Darlehnsschuld abzutragen. An die Stadtverwaltung kam daraufhin der Bescheid, daß dies geschehen könnte, entweder zur Hälfte oder ganz. So leistete jeder Siedler im Februar 1945 seinen vollen Darlehnsabtrag in Höhe von noch ca. 2100,- RM an die Stadtverwaltung Steinau, zur Weiterleitung an die Bau- und Bodenbank. Zum Glück war bei der Bau- und Bodenbank in Frankfurt, trotz der Kriegswirren im Frühjahr 1945, dieser Zahlungseingang registriert, so daß im Juli 1947 ohne Schwierigkeiten die eingetragene Hypothek von 2250,- RM gelöscht werden konnte.
Nun möchte ich mehr auf die Menschen eingehen und die Namen derer nennen, die mit ihren Familien unsere Siedlung als erste bewohnten. Es waren dies:

Elisabeth und Michael Bolender
Johannes und Katharina Kirchner
Johannes und Lina Hufnagel
Hermann und Gretel Müller
Martin und Elise Vormwald
Leonhard und Kättel Urmann
Heinrich und Elise Methfessel
Johannes und Katharina Eberhardt
Kaspar und Sofie Hufnagel
Heinrich und Elise Müller
Karl und Elisabeth Burkhard
Heinrich Methfessel mit Eltern Bernhard und Elise
Jean Ullrich mit Eltern Klaus und Marie
Bernhard und Marie Krähe
Melchior und Dora Rüffer
Fritz und Kättel Rüttger
Georg und Liesel Kreß
Erich und Hedwig Steinke
Georg und Elisabeth Faust
Johannes und Gretel Rosenberger

In den Jahren nach dem Krieg, bis zu dem heutigen Tag, erlebte unsere Siedlung einen baulichen Aufschwung. Die meisten Häuser wurden gemeinsam mit der folgenden Generation um vieles modernisiert und erweitert und sind mit der Zeit zu dem geworden, was heute vorhanden ist.
Das war der Werdegang der einstmaligen Sprenger-Siedlung, über die Stadtrandsiedlung, bis hin zur Taunusstraße.

Heil Hitler! –
Wie Trommeln und Pfeifen ihre Besitzer wechselten

Mit der Machtergreifung Hitlers am 30. Januar 1933 änderten sich die politischen Maßstäbe nicht nur in den Großstädten. Die Säuberung von unbequemen Kritikern und politischen Gegnern nahm ihren Lauf. Bis in die Vereine, die von progressiven Arbeiterschichten getragen wurden, reichte der lange Arm der Gestapo (Geheime Staatspolizei) und deren nationalsozialistischen Helfer. Haussuchungen durch braune Kommandos waren an der Tagesordnung, politisches Schrifttum wurde eingezogen und vernichtet, Vermögen kurzerhand enteignet und für andere Aufgaben umgeschichtet. Verhaftungen aus politischen Motiven und Deportierung in Konzentrationslager gingen mitunter völlig geräuschlos über die Bühne. Besonders betroffen waren jüdische Mitbürger, Kommunisten, Gewerkschaftler und Sozialdemokraten sowie aktive Christen aller Konfessionen. Oft erzählte man den Verwandten und Bekannten der plötzlich Verhafteten, es handele sich um rein „erzieherische Maßnahmen" zum Wohle der Gesellschaft. Von den Qualen und Demütigungen durften die Gepeinigten aus den KZs nicht berichten.

Auch vor Steinau machte die neue „heilbringende" politische Richtung nicht halt. Allerdings schlug in den kleineren Städten und Dörfern die Brutalität des Regimes nicht voll durch. Hier kannte jeder jeden, und Bindungen, die über Jahrzehnte gewachsen waren, ließen sich eben nicht über Nacht zerschlagen. Allerdings gab es auch hier „Stramme" und deren Mitläufer.

Aus Dokumenten ist ersichtlich, daß Anfang Mai 1933 das Vermögen des Arbeitergesangvereines, des Arbeiter-Turn- und Sportvereins und der SPD-Ortsgruppe von den örtlichen Nazis beschlagnahmt wurde. Dabei

```
Empfangsbescheinigung.

Von der Ortspolizeibehörde Steinau, Krs.Schlüchtern, sind
der 7.Abteilung des Arbeitsdienstes der N.S.D.A.P. Steinau -
nachdem die telefonische Genehmigung hierzu durch den Herrn
Landrat in Schlüchtern erteilt worden war - nachstehende Sachen
ausgehändigt worden:

4 - vier Trommeln mit Schläger und Tragegurts
8 - acht Pfeifen
worüber quittiert.

                           Steinau, den 18. Mai 1933.

      S.            Gaugruppe der N.S.D.A.P.
                       für Arbeitsdienst
                     Hessen-Nassau Süd
                        7. Abteilung
                         S t e i n a u.
                        [Unterschrift]
                      Hauptmann u.Abt.Fhr.
```

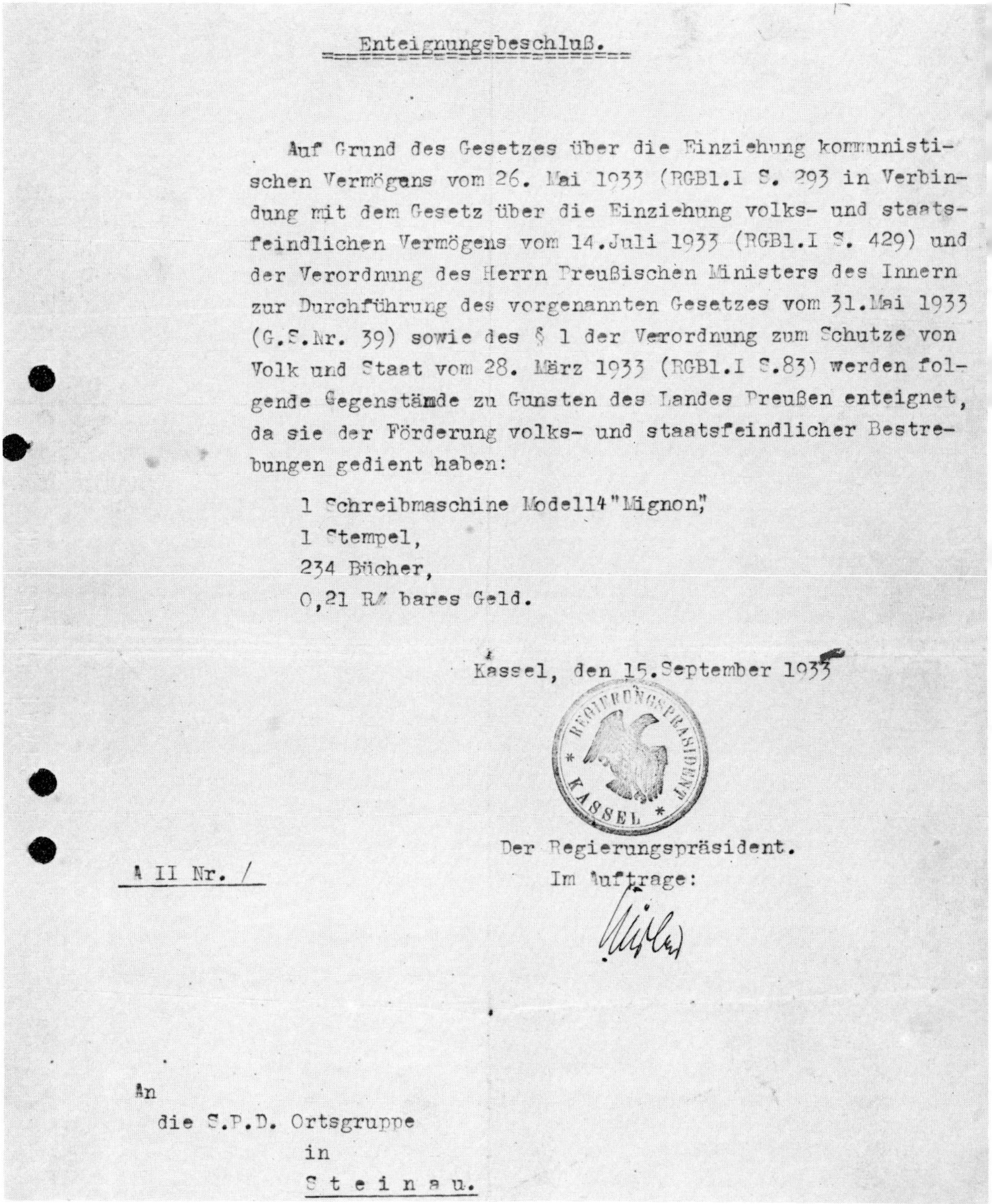

Enteignungsbeschluß.

Auf Grund des Gesetzes über die Einziehung kommunistischen Vermögens vom 26. Mai 1933 (RGBl.I S. 293 in Verbindung mit dem Gesetz über die Einziehung volks- und staatsfeindlichen Vermögens vom 14.Juli 1933 (RGBl.I S. 429) und der Verordnung des Herrn Preußischen Ministers des Innern zur Durchführung des vorgenannten Gesetzes vom 31.Mai 1933 (G.S.Nr. 39) sowie des § 1 der Verordnung zum Schutze von Volk und Staat vom 28. März 1933 (RGBl.I S.83) werden folgende Gegenstände zu Gunsten des Landes Preußen enteignet, da sie der Förderung volks- und staatsfeindlicher Bestrebungen gedient haben:

1 Schreibmaschine Modell 4 "Mignon",
1 Stempel,
234 Bücher,
0,21 RM bares Geld.

Kassel, den 15.September 1933

Der Regierungspräsident.
Im Auftrage:

A II Nr. /

An
    die S.P.D. Ortsgruppe
        in
            S t e i n a u.

mußte Nikolaus Monz vom Arbeitergesangverein ein Sparbuch, ausgestellt auf Wilhelm Euler, mit einem Betrag von 1 189,30 RM abgeben. Bei dieser Gelegenheit wurden ihm sämtliche Vereinsunterlagen abgenommen. Nicht besser erging es Johannes Ullrich. Bei ihm fand man die goldbestickte Vereinsfahne und eine Ehrenschleife aus dem Besitz des Gesangvereins. Auch die Schlüssel für den Notenschrank und das Klavier wechselten den Besitzer. Das Mobiliar stand in der „4. Schulklasse der Rathausschule" samt Büchern und Noten. In einer waghalsigen Aktion konnten Johannes Ullrich und ein Mitstreiter die Vereinsfahne aus dem Rathaus wieder entwenden und in Wachenbuchen bei Sangesfreunden in Sicherheit bringen. Fahne und Schleife sind heute wieder im Besitz der Chorgemeinschaft Vorwärts.

Der SPD-Ortsgruppe erging es ähnlich. Bei Max Bohn fand man einen SPD-Stempel, und bei Heinrich Müller wurden die gesamten Bücher der Bibliothek konfisziert. Und weil alles seine Gründlichkeit haben mußte, löste man das damalige Trommlerkorps der „Roten" einfach dadurch auf, indem man allen Mitgliedern Trommeln und Pfeifen abnahm. Es handelte sich um die Trommeln von Philipp Schmidt, Adolf Röth, Nikolaus Berthold und Fritz Keller und um die Pfeifen von Johannes Ullrich (4 Stück) und je eine von Otto Schmidt, Hans Gerlach, Hans Henning, Wilhelm Wolf und Paul Wunderlich. Mit den Musikinstrumenten rüsteten die Nazis wenig später den Sturmbann 3/98 der 7. Abteilung des Arbeitsdienstes der N.S.D.A.P. aus. Das Enteignungskommando tauchte auch noch bei Isidor Lanz vom Arbeiter-Turn- und Sportverein auf und ließ das Kassenbuch samt Vereinsunterlagen mitgehen. Damit waren die unbequemen „Volksfeinde" praktisch ausgelöscht und ihre Tätigkeit bei Androhung schwerster Strafen verboten worden.

Von Zeit zu Zeit fanden in der Stadt Aufmärsche der neuen Machthaber statt. Hier konnten die Enteigneten ihre Trommeln und Pfeifen wiedersehen, in den Händen anderer, versteht sich. Und selbstverständlich spielten die neuen Musikanten auch nicht mehr die Lieder von einst.

Drüben am Stadtheim waren jetzt fein säuberlich Hakenkreuze an die Außenwände gemalt, und unter dem Banner hielt ein Uniformierter Wache an der Eingangspforte. Die 7. Abteilung des Arbeitsdienstes war dort untergebracht. Viele arbeitslose Steinauer meldeten sich dort freiwillig zum Einsatz, sie hatten nichts zu essen und wollten endlich Arbeit und Brot.

In den folgenden Passagen berichtet nun wieder Frau Reiners, wie sie die Ereignisse mit ihrer Familie aus ihrer Sicht erlebt hat.

Auch in Steinau gab es Aufmärsche der NSDAP. Das Bild dürfte in den Jahren 1934 oder 1935 aufgenommen worden sein. Damals hingen fast an jedem Haus die roten Hakenkreuzfahnen aus dem Fenster. Es war schier unmöglich, das Aufhängen zu verweigern.

Steinauer Frauen und Mädchen sammelten im Jahre 1937 Ostereier für die Kinder in Frankfurt. Das Gruppenfoto zeigt sie vor der alten Post und dem Haus Amend. Im Hintergrund die Zapfsäule zum Betanken der wenigen Fahrzeuge, die es damals in Steinau gab.

Verwirrung durch einen Bezugsschein

Mundartgedicht von Frau Emma Vogeley, geb. Auth

De Kumpe-Leipold hoat e Geschäft
in dem er gude Schuh' verkäfft.
Doas hört e Fraaje vo Ulmich scho
un eilig kömmt es noach Stäene eno.

Beim Kumpe-Leipold geht es enei,
der frächt, no – woas soll's dann sei?
„Och, Willem, ich hätt' so gern e Poar Schuh',
un doa ho ich aach de Bezugsschei dezu."

Es Fraaje düt aach gleich e Poar bassende fenne,
un sich sofurt de Dür zuwenne.
„Halt", rüfft doa de Willem, „erscht bezoahle",
doa guckt es Fraaje ganz verstohle –

„Joa, öm alles in de Welt,
koste dann die Schuh aach noch Geld?
Onser Bürchermäster hoat mer versichert fest un frei,
du kriechst e Poar neue Schuh off de Schei!"

Doa hält sich de Willem für Lache de Bauch.
„Doas is äwer im Dredde Reich net Brauch.
Wer äbbes kaafe well muß aach berabbe,
doa geb mer wieder her die Dabbe!"

Im Steinauer „Stadtheim" war nach der „Machtergreifung" das Lager des Arbeitsdienstes untergebracht. Es hatte die exakte Bezeichnung „Lager der Gaugruppe der NSDAP für Arbeitsdienst Hessen-Nassau-Süd, 7. Abteilung.

Ein Führer kreuzt auf und verspricht allen das Heil

Im Jahre 1933 kreuzte Adolf Hitler auf und versprach nach dem Motto „Kraft durch Freude" wieder jedermann Arbeit. Überall sollte nur Frohsinn herrschen. Wir horchten auf, staunten und ließen uns auch einwickeln. Alles marschierte, sang und tanzte. Arbeitslose gab es keine mehr; sie wurden beim Bau von Autobahnen eingesetzt. Als im Saarland der Westwall errichtet wurde, holte man diejenigen Arbeiter aus den Betrieben, die nicht der NSDAP angehörten. Auch mein Mann mußte für etliche Monate dorthin. Alles Bauen sollte dem Frieden dienen, hatte der „Führer" verkündet.

Leider war das Gegenteil der Fall. 1939 begann mit dem Einmarsch deutscher Truppen in Polen der Zweite Weltkrieg.

Den Zweiten Weltkrieg erlebt

Andreas wurde nach Hanau zu einer Pionierkompanie einberufen. Unser Sohn Erich hatte gerade seine Lehre bei Schreinermeister Buß abgeschlossen, als man ihn in die Junkers-Flugzeugwerke nach Kassel arbeitsverpflichtete.

Meine neunjährige Tochter Isolde und ich waren urplötzlich allein. Und wieder waren die Grundnahrungsmittel durch Lebensmittelkarten rationiert. Nachdem Andreas erst den Frankreichfeldzug miterlebt hatte, wurde anschließend seine Pioniereinheit nach Rußland verlegt. Dort erlebten sie einen eisigen Winter – die Kleidung der Soldaten war für diese Temperaturen mangelhaft. Frauen und Mütter in der Heimat wurden zum Stricken aufgerufen – Kopfschützer, Pulswärmer, Handschuhe und Strümpfe sollten an die Ostfront geschickt werden. Die deutschen Truppen drangen tief nach Rußland ein. Mein Mann befand sich im Kaukasus, es ging ihm relativ gut. Er schickte uns öfters ein Fläschchen Sonnenblumenöl, das bei unseren dürftigen Fettrationen sehr willkommen war.

Dann kam die große Wende, die unaufhaltsame Tragödie begann. Die verlorene Schlacht im Kessel von Stalingrad und die Landung amerikanischer Truppen an der französischen Atlantikküste signalisierten den Untergang des „tausendjährigen Reiches".

Von nun an wurden täglich unsere Städte bombadiert. Besonders Erich hatte darunter zu leiden, denn gerade Kassel mit den Junkerswerken war eines der alliierten Hauptangriffsziele. Die Stadt wurde fast völlig bei den Bombenangriffen zerstört. Auch wir in Steinau mußten oft die Luftschutzräume aufsuchen, es kam auch zu Bombenangriffen. Dagegen hieß es im Wehrmachtsbericht fortwährend, die Fronten würden nur begradigt, obwohl schon alles auf der Flucht war. Die gegnerischen Truppen standen schon in Deutschland; tagtäglich gab es weniger auf die Lebensmittelmarken zu essen.

Den Zusammenbruch, verspürt in Steinau

Am 30. März 1945 standen die Amerikaner vor Steinau. Isolde und ich packten gerade eiligst das Nötigste in Koffern zusammen, um in Seidenroth bei Weigands Zuflucht zu suchen, als plötzlich Erich ankam. Es war die reinste Packkarawane, in der wir uns nun zu dritt in Richtung Seidenroth bewegten. Jeder versuchte aus Steinau herauszukommen, denn ein paar unverbesserliche Fanatiker wollten die Stadt noch verteidigen. Ich kann nur sagen, es war schaurig! Über uns surrten ständig die Tiefflieger, Groß und Klein eilte mit Handwagen, Kinderwagen und Bettzeug den langgezogenen Berg hinauf. In Seidenroth angekommen, ging's gleich vor den Tieffliegern in Deckung. Die Dreiturm brannte lichterloh, auch eine Scheune war von den Amerikanern in Brand geschossen worden. Als sich die Lage wieder etwas beruhigte, machten wir drei uns am 11. April 1945 wieder zurück nach Steinau auf den Weg. Wie sah unsere Wohnung aus: Kein Fenster mehr ganz, die Vorhänge in Fetzen herunterhängend, der Waschtisch im Schlafzimmer von einem eingedrungenen Geschoß zerfetzt, das ganze Haus voll Schutt und Scherben. Erschreckend und entmutigend zugleich.

Erich holte Kartonplatten, um die Fenster notdürftig abzudecken. Meine Mutter war im Haus geblieben, sie wollte nicht mehr fliehen. Da sie obendrein schlecht hörte, war sie ausgerechnet während des Beschusses über den Hof gelaufen! Ein Splitter verletzte dabei ihren Oberschenkel.

Eines Tages wurde bekanntgegeben, Soldaten in Zivil sollten sich auf dem Rathaus melden. Erich meldete sich auch. Ein verhängnisvoller Fehler, wir sollten es schon sehr bald merken. Tage später, wieder dasselbe – auf dem Rathaus melden! Doch diesmal kehrten er und weitere 20 Männer nicht mehr nach Hause zurück. Bis 1948 sollte es dauern, ehe wir ihn wieder in unsere Arme schließen konnten. Die Franzosen hatten ihn in Marseille gefangengehalten.

Die Kinzigbrücke vor der Gaststätte „Zum Grünen Baum" wurde kurz vor Kriegsende noch aus Verteidigungsgründen gesprengt.

Not und Elend während der Nachkriegsjahre

Im Mai 1945 kehrte mein Mann aus amerikanischer Gefangenschaft zurück. Um diese Zeit stand am Bahnhof Steinau ein Waggon mit dunklem Mehl. Es sollte später bezahlt werden, hieß es, was wir dann auch taten. Es half uns über die schwere Zeit hinweg, denn es gab immer weniger zu essen.

Am 14. August 1945 hatten wir unsere Silberhochzeit. Ich hatte von dunklem Mehl einen Kranzkuchen gebacken. Mit Süßstoff, versteht sich, denn Zucker gab es nur noch für Familien mit kleinen Kindern. Kurz und gut. Plötzlich hatte sich unsere Silberhochzeit herumgesprochen. Die Nachbarschaft kam mit Blumen und kleinen Geschenken. Ich kochte eiligst Kaffee aus Kaffee-Ersatz und bot den schönen Kranzkuchen an. Am Abend kamen Peter und Johanna Diehl und stellten ein paar Flaschen Wein auf den Tisch. Auch sie bekamen von dem Kuchen. Mehr gab es einfach nicht – so arm ging's damals her.

Unser „glorreicher Führer" Adolf Hitler hatte sich das Leben genommen, und wir saßen „in der Tinte"; nichts zu beißen und nichts zu heizen, nur gut, daß wir im Wald Holz holen konnten.

Andreas arbeitete nach seiner Heimkehr bei Peter Cress. Da es immer noch kaum Lebensmittel gab, pachteten wir ein Stück Feld, bauten Kartoffeln, Weizen, Hafer und Gerste an und fütterten ein Schwein. Im Jahre 1946 wurde unsere Tochter Isolde konfirmiert; es ging uns immer noch so schlecht. Mein Mann bettelte bei den Bienenzüchtern um Zucker, in Ulmbach tauschte er Kleidungsstoff bei Bauern gegen Fett ein.

Wildfruchtbörse 1946

Im Herbst 1946 zahlten die Wildfruchtverwertungsfirmen für gesammelte Wildfrüchte folgende Durchschnittspreise für jeweils ein Kilogramm:

Kastanien	8 Pfg.
Eicheln	10 Pfg.
Mehlbeeren	24 Pfg.
Vogelbeeren	28 Pfg.
Schlehen	30 Pfg.
Holunderbeeren	30 Pfg.
Hagebutten	60 Pfg.

Im Jahre 1948 Währungsreform! Wir waren wieder alle gleich: Jeder erhielt 40 DM – über Nacht waren alle Läden auf einmal voll, man konnte alles kaufen.

An dieser Stelle will ich die Schilderung von Frau Anna Reiners zu diesem Thema beenden, denn es sollen noch andere Zeitgenossen zu Wort kommen, denn Geschichte erlebt jeder für sich selbst. Was immer auch in den Geschichtsbüchern über diese Epoche zu lesen sein mag, es kann zwangsläufig immer nur eine pauschale Darstellung sein. Geschichte muß sich aber auch als die Summe von Einzelschicksalen darstellen, denn der einzelne Mensch ist es, der letztlich darunter zu leiden hat.

Not macht erfinderisch – oder Humor ist, wenn man trotzdem lacht

Die Versorgungslage nach dem Zweiten Weltkrieg kann als katastrophal bezeichnet werden. Alle, ob Alt oder Jung, die die Zeit von 1945 bis etwa 1950 miterlebt haben, können ein „Lied davon singen". Hunger und Not im zertrümmerten Deutschland wirkten hinein bis in die ländlichen Gebiete. Naturalien standen hoch im Kurs: „Hännel" gehörten zur Tagesordnung. Tätigkeiten, die mit „Schwarz" begannen, wie Schwarzschlachten, Schwarzbrennen, Schwarz... waren zwar streng verboten, doch der Hunger nahm verständlicherweise keine Rücksicht auf Verordnungen und Gesetzestexte. Wer bei derart ungesetzlichem Handeln erwischt wurde, konnte kaum auf milde Richter hoffen. Die große Anzahl von sogenannten „Neubürgern", also Heimatvertriebenen aus den deutschen Ostgebieten, Flüchtlingen und Ausgebombten machte auch in Steinau die Wohnverhältnisse unträglich. Äußerlicher Ausfluß dieser unerträglichen Situation waren die errichteten Behelfsheime. Wenig Platz und hungrige „Mäuler", ein teuflischer Kreislauf.

„Not macht erfinderisch", heißt ein altes Sprichwort, und so brachte gerade diese arme Epoche, mit allen ihren miesen Begleiterscheinungen eine Fülle von Anekdoten hervor. Einige dieser Geschichten, entstanden durch diejenigen, „die aus der Not eine Tugend machten", sollen auf den folgenden Seiten ihren literarischen Niederschlag finden – Humor ist, wenn man trotzdem lacht!

Mit dem Vorschlaghammer auf Bucheckernjagd

Ganze Menschengruppen strömten im Herbst hinaus in den Wald zum Bucheckernsammeln. Dennoch verkaufte kaum einer seinen gesammelten Ertrag, denn für 100 kg reine, trockene Bucheckern zahlten die Aufkauffirmen in 1946 ganze 25 RM. Da kam man beim Tausch schon wesentlich besser weg: Für 5 kg Bucheckern erhielt der Sammler 0,75 Liter Speiseöl ohne Anrechnung auf die Zuteilungsrationen. Welche Blüten diese Sammelwut offenbar trieb, wird in der Tatsache deutlich, daß die Behörden den „Bucheckern-Wüstlingen" mit aller Kraft Einhalt bieten mußten. So wird u. a. berichtet, daß zu den „Sammelutensilien" einiger außer langen Stangen auch Decken und Zeltplanen gehörten. Ein Zeitgenosse muß allerdings dabei bitter Lehrgeld bezahlt haben. Als nämlich der Wetterbericht für die Nacht einen kräftigen Sturm meldete, zog er hinaus zu den Buchenwäldern zwischen Ohl und Acis und breitete seine Zeltplanen auf dem Waldboden aus. Nachts kam auch der vorhergesagte Sturm und kündigte eine reiche Ernte an. Als er am nächsten Morgen die Stätte seiner Aktivitäten aufsuchte, waren die Zeltplanen samt Bucheckern verschwunden. Ja, was nutzt da der schönste Wetterbericht, wenn er auch von anderen gehört wird!

Im Jahre 1948 muß das Bucheckernsammeln in reinen Vandalismus ausgeartet sein. So berichten die Kinzigtal-Nachrichten vom „Bucheckern-Klopfen". Die Forstämter waren empört: „Man geht mit Vorschlaghämmern in den Wald und schlägt mit Wucht an die Buchenstämme, damit es Bucheckern regnet. Durch diese Vorschlaghammer-Ernteweise leiden die Rinden der Bäume und können den ganzen Baum zum Absterben bringen."

Die Behörden wiesen in der Presse darauf hin, daß das Bucheckern-Ernten mit dem Vorschlaghammer als Waldfrevel und Sachbeschädigung mit Gefängnis bis zu drei Jahren oder mit einer saftigen Geldstrafe geahndet würde. Ein Versuch sei schon gegeben, wenn im Gepäck eines Bucheckernsammlers derartiges Werkzeug gefunden werde.

Geldstrafen für Drückeberger, Schwarzhändler und braune Sünder

In Zeiten der Not gelten manchmal andere Regeln im gesellschaftlichen Zusammenleben, und so wurden im Nachkriegsdeutschland landauf und landab oftmals Dinge bestraft, die heute einen Amtsrichter lediglich zum Schmunzeln veranlassen würden. Ungesetzlich, und damit unter Strafe gestellt, war praktisch alles, was sich nicht vor den strengen Augen der Ordnungshüter abspielte. Entschuldigungen, man habe die amtlichen Bekanntmachungen und Aufforderungen am „Schwarzen Brett" nicht gelesen oder den Ortsausscheller nicht gehört, zählten dabei wenig. So wurden im Jahre 1947 einige Hintersteinauer mit Geldstrafen belegt, weil sie einer Feuerwehrübung ohne plausible Gründe ferngeblieben waren. Genauso erging es denjenigen Familien, die sich nicht an der Suchaktion gegen den Kartoffelkäfer beteiligten. Einem Aufruf der Stadtverwaltung zufolge, sollte sich im Juli 1949 je eine Person aus jeder Familie zur Verfügung stellen. Die Stadt und die Gemarkung war in zehn Bezirke eingeteilt. Die Einwohner bestimmter Straßen mußten sich morgens gegen 8 Uhr an bekanntgegebenen Punkten am Rande der Stadt einfinden. Als besonders stark von Kartoffelkäfern befallen galten damals die Äcker der Domäne Hundsrück in der Nähe der Bahngleise.

Im April 1949 hatte man 20 Frauen und zwei Männer in Hintersteinau angezeigt, weil sie widerrechtlich im Jahre 1948 Butter hergestellt hatten. Dabei sind acht Butterfässer beschlagnahmt worden. Und daß die Ordnungshüter auch das Jugendschutzgesetz noch sehr ernst nahmen, beweist eine Meldung vom 3. Juni 1948. Sie hatten am 18. Mai gegen 0.45 Uhr auf der Bundesstraße 40 sechs männliche und weibliche Jugendliche aus Steinau angetroffen und daraufhin angezeigt. Auch Seidenroth bekam einen „Kriminalfall". Im Jahre 1949 wurde ein 61jähriger Arbeiter einer besonderen Art des Schwarzhandels überführt. Um seine 16köpfige Familie über Wasser halten zu können, nahm er an seinem Arbeitsplatz die Gelegenheit wahr, von den Amerikanern Zigaretten für 2,– DM aufzukaufen. Und da die jungen Burschen von damals nicht über viel Geld verfügten, ließ er sich die Zigaretten von ihnen in Zucker- oder Buttermarken bezahlen. Die auf diese Weise ertauschten Lebensmittelmarken verkaufte er wieder an Hausfrauen. Für ein Pfund Zucker erhielt er 2,50 DM. So hatte er bis zur Entdeckung seiner glorreichen, aber strafbaren Idee, Zuckermarken im Wert von ca. einem Zentner Zucker umgesetzt.

Ein besonders heikles Thema überschattete die Nachkriegsjahre – die Entnazifizierung! Auf Anordnung der Militärregierung wurde auch auf dem „flachen Land" nach den „braunen Sündern" des verflossenen 1000jährigen Reiches gesucht und gefahndet. In Fragebogen mußten die Bürger ihre Gesinnung entblättern und mit ein paar Mark Buße durften die „fast" Unschuldigen sich vom „Nazi-Deutschen" reinwaschen. Man sprach daher auch vom „Persilschein". Die Verdächtigen oder gar die örtlichen Parteistrategen bekamen ihre Verhandlung vor der Spruchkammer in Schlüchtern. Saftige Geldstrafen gab es ab und zu schon, manchmal wurde einer sogar für ein paar Wochen „eingelocht". Dennoch, was bedeutet da schon Gerechtigkeit? Die „kleinen Sünder" verbüßten meistens ihre Strafen, die „großen Fische" hatten sich längst abgesetzt.

Im Jahre 1948 waren 53 Steinauer aus der Kriegsgefangenschaft heimgekehrt und noch auf 65 Männer warteten die Angehörigen. Übrigens, zur selben Zeit zählte Steinau 3930 Einwohner, der Anteil von Heimatvertriebenen, Flüchtlingen und Evakuierten betrug allein 1230 Personen. Heute wissen wir, daß sich alle prima „zusammengerauft" haben, Einheimische wie Neubürger.

Aufrufplan für den 131. Versorgungsabschnitt (Oktober 1949)

Abschnitte mit Mengeneindruck sind zum Teil zusammengefaßt unter der Bezeichnung m. M. aufgeführt.

	Karte Nr. 11 Verbr. über 6 Jahre			Karte Nr. 14 Kleink. 1–6 Jahre			Karte Nr. 16 Säugl. bis 1 Jahr			Karte Nr. 70 werd. u. still. Mutter		
	Aufruf in g	Abschnitte	Wert	Aufruf in g	Abschnitte	Wert	Aufruf in g	Abschnitte	Wert	Aufruf in g	Abschnitte	Wert
Brot		14 1000 W 15 500 W 16 1000 W 17 1000 18 500 W 19 1000 20 1000 22 500 23 1000 25 1000 26 500 27 1000			12 1000 W 13 500 W m Zw 200 15 1000 W 18 500 W 19 1000 n Zw 200 o Zw 200 22 500 23 1000 p Zw 200 q Zw 200			m Zw 200 n Zw 200 o Zw 200 p Zw 200 q Zw 200 r Zw 200 s Zw 200 t Zw 200 u Zw 200 v Zw 200 w Zw 200			MÜ 704 Zw 200 MÜ 705 Zw 200 MÜ 706 Zw 200	
zus.	10000			6500			2200			600		
Fett		12 125 Bu 13 125 Bu A 125 Fett B 125 Fett C 125 Fett D 125 Fett J 125 Fett K 125 Fett M 125 Fett			12 125 Bu 13 125 Bu 15 125 Bu 17 125 Bu 18 125 Bu 19 125 Bu Y 125 Fett			12 125 Bu 13 125 Bu 15 125 Bu 17 125 Bu 18 125 Bu 19 125 Bu Y 125 Bu			125 Bu 125 Bu	
zus.	1125			875			875			250		
Fleisch		12a 125 12b 125 13a 125 13b 125 15a 125 15b 125 22 125 23 125			12a 125 12b 125 13a 125 13b 125 15a 125 15b 125 22 125 23 125						f 1 250 f 2 250 f 3 250	
zus.	1000			1000						750		
E-Milch	3000	Bestellschein										
V-Milch				15000	laut Bestellschein tägl. 1/2 Liter		23250	laut Bestellschein tägl. 3/4 Liter		15500	laut Bestellschein tägl. 1/2 Liter	
Nährmittel	1625	N 35 500 T N 37 250 T N 36 500 N 38 375		1875	KS 250 T N 39 500 T N 40 500 T N 42 500 T N 43 125 T		2250	KS 250 T N 39 500 T N 40 500 T N 42 500 T N 45 500 T		3000	m. M. 3000 T	
Zucker	1500	Zuck. 15250 Zuck. 17250 m. M. 1000		1000	m. M. 1000		1875	Zuck. 18125 Zuck. 19250 m. M. 1000		500	2 Abschnitte m. M. je 250	
Labkäse	250	Z 106 250		250	Z 106 250					500	4 Abschnitte Käse 125	

Aus Kinzigtal-Nachrichten 1949.

Wenn ich mir was wünschen dürfte

Ganz bescheiden nur und klein
Fiel mir gestern etwas ein.
Als ich so mein Dünnbier schlürfte:
Wenn ich mir was wünschen dürfte ...
Care-Pakete, meint Ihr? Nein!
Auslandspaß gar? Viel zu klein!
Nein, ich wünscht mir, ohne Stop
Täglich nur ein' neuen Job!
Als Beamter erst zu Haus'
Stellt ich sonntags Scheine aus,
Montags hätt' ich als ein Bäcker
Nicht nur Brot, auch Kuchen lecker.
Dienstags Fleischer, wär' zu raten;
Denn dann gäb' es Schweinebraten!
Mittwochs Eisenbahner dann,
Weil man Kohlen brauchen kann.
Donnerstags als ein Grossist,
Hätt' ich, was sonst nötig ist.
Ganz befreit von Kleidersorgen,
Wär' ich Schneider Freitagsmorgen,
Und am Sonnabend sodann
Finge ich zu tauschen an.
Weiteres kann ich mir schenken:
Ihr könnt's selbst Euch besser denken!
Dacht' ich, als ich Dünnbier schlürfte,
Wenn ich mir was wünschen dürfte ...

Von O. P. Uelzen aus den Kinzigtal-Nachrichten vom 17. Dezember 1946

Hans im Glück oder „Tausche ein Pfund Butter gegen ...!"

Ein Nachkriegsmärchen, erzählt in den Kinzigtal-Nachrichten vom 12. Dezember 1946, zur Einstimmung vortrefflich geeignet:
Es war einmal irgendwo im gesegneten Deutschland ein hochgelehrter Mann, der ein Pfund Butter besaß, das er gegen etwas Dringenderes vertauschen wollte. Da er sich aber mit solchen banalen Geschäften nicht gerne abgab, wandte er sich an seinen Freund, der in dem Geruche stand, über die weitaus größeren praktischen Erfahrungen und die besseren Beziehungen zu verfügen. Der Freund versprach, sein Möglichstes zu tun, um ihm gefällig zu sein. Er begab sich zu einem Zigarrenbesitzer und hatte auch Glück, da ihm dieser aus reiner Menschenfreundlichkeit 30 Zigarren im Wege des Tausches überließ. Die Hälfte derselben, also 15 Stück, wanderten in die Hamsterkiste. Mit dem Rest wanderte er zu dem Besitzer von zwei Flaschen Wein und hatte wieder Glück. Eine der beiden Flaschen wanderte in die Hamsterkiste. Mit der anderen erwarb er bei einem Kohlenbesitzer zwei Zentner Briketts, von denen der eine die Hamsterkiste bereicherte. Den anderen brachte er zu dem Besitzer von zwei Pfund Butter, der ihm wieder den Gefallen tat, ihn von der Zentnerlast zu befreien. Als Hans im Glück seinen Gewinn überrechnete – 15 Zigarren, eine Flasche Wein, ein Zentner Briketts, ein Pfund Butter – lief ihm sein Freund, der Gelehrte über den Weg, der ihn fragend ansah. „Lieber Freund", so sagte Hans mit ehrlichem Bedauern, „ich muß dir zu meinem größten Bedauern mitteilen, daß meine selbstlosen Bemühungen, für dich gegen das geliehene Pfund Butter das begehrte schöne Buch zu erwerben, erfolglos waren, da nirgendwo ein Bedarf für fettige Erzeugnisse in dem reichgesegneten Deutschland festzustellen war. Ich muß es dir leider hiermit wieder zurückgeben. Nimm's bitte nicht übel, daß ich dir diesmal nicht gefällig sein konnte!" Hans im Glück

Antragssperre für Schreibmaschinen, Sperrstundenverkürzung und viel Hunger

Es war schon eine arme Zeit, die Epoche nach dem Zweiten Weltkrieg. Vorgänge, die uns heute ein Schmunzeln abringen, über die wir vielleicht sogar herzlich lachen können, galten damals als Ausdruck bitterster Not. Die Behörden wußten sich im allgemeinen Durcheinander der Nachkriegswirren nur noch in öffentliche Aufrufe zu flüchten, immer in der Hoffnung, daß sie von der Bevölkerung auch angenommen würden.

So ist einer Pressemeldung vom 25.11.1947 zu entnehmen, daß die Dienststunden des Landratsamtes in Schlüchtern wegen Mangel an Glühlampen der Tageshelle angeglichen werden mußten und deshalb montags bis freitags von 8 Uhr bis 12.30 Uhr und von 13 Uhr bis 16.30 Uhr, und samstags von 8 Uhr bis 13 Uhr stattfinden.

Dennoch stellt sich aus heutiger Sicht die Frage, zu welcher Tageszeit haben die Beamten und Angestellten gearbeitet, als es noch genügend Glühlampen gab?

Doch es lag nicht nur an den Glühlampen, denn in derselben Veröffentlichung wurde gleichzeitig mitgeteilt, daß „die Polizeistunden zwecks Einsparung elektrischen Stromes in den Städten und Gemeinden des Kreises einheitlich auf 22 Uhr (sonnabends bis 23 Uhr) festgesetzt wurden und die Betriebsinhaber berechtigt sind, ihre Gaststätten auch schon früher zu schließen – daß Anträge auf Genehmigung von öffentlichen und geschlossenen Tanzlustbarkeiten mindestens 8 Tage vor Beginn der Veranstaltung zu stellen sind." Letzteres hat sich bis in die „Neuzeit" herübergerettet.

Die Meldung schließt mit der Feststellung, „daß bis zum 31.12.1947 eine allgemeine Antragssperre auf Schreibmaschinen besteht." Wer von den vielen kleinen Leuten benötigte schon eine Schreibmaschine, oder wer konnte schon abends in die Kneipe gehen! Etwas Ordentliches zum Beißen wollte jeder! „Ich habe Hunger!" Diese Aussage war kurz und treffend ... und sie lag in aller Munde.

Der hessische Ministerpräsident Christian Stock mußte Mitte Januar 1948 verkünden: „Die Sorge um die Ernährungslage ist noch nie so ernst gewesen." Und die Behörden bereiteten das hungernde Volk auf die nächsten Wochen mit ein paar „Nackten Tatsachen" vor: „Für die dritte Woche der 110. Zuteilungsperiode wird in Hessen wie in allen übrigen Ländern der Bizone auf Anordnung der Verwaltung für Ernährung und Landwirtschaft zunächst kein Fleisch ausgegeben, während Fett für Normalverbraucher über drei Jahre erst nach besonderem Aufruf verteilt wird."

Wie kalt und nüchtern lesen sich die wenigen Schwarz auf Weiß gedruckten Worte, und wie schlimm wirkten sie sich wohl auf das persönliche Schicksal jedes einzelnen aus!

Kopfgeld für jeden

„Jeder Einwohner des Währungsgebietes erhält im Umtausch gegen Altgeldnoten desselben Nennbetrages bis zu 60 Deutsche Mark in bar (Kopfbetrag). Ein Teil des Kopfbetrages wird sofort ausgezahlt, der Rest innerhalb von zwei Monaten."

Mit dem Gesetz zur Neuordnung des Geldwesens, schlicht Währungsreform genannt, machten die alliierten Militärregierungen Schluß mit dem Wirtschaftschaos nach dem verlorenen Zweiten Weltkrieg. Die Versorgungslage, von den Behörden über Preisfestsetzung und Lebensmittelkarten gesteuert, wurde täglich schlechter. Auch der „schwarze Markt" mit seiner „Zigarettenwährung" konnte die Ernährungskatastrophe nur unwesentlich lindern. Der Rückgang in der Produktion und die gewaltige Erhöhung des Notenumlaufes von 9 Milliarden Reichsmark im Jahre 1939 auf 75 Milliarden RM in 1948 hatten infolge von Rationierung und Preisfestsetzung zu einer verdeckten Inflation geführt.

Mit Wirkung vom 21. Juni 1948 trat das neue Zahlungsmittel in Kraft: die Deutsche Mark. Jeder Bürger fing erst einmal mit DM 40,– an; alle waren vor dem Gesetz gleich! Wirklich alle? Forderungen wurden im Verhältnis 10:1 abgegolten, die Löhne, Mieten und Zinsen im Verhältnis 1:1 umgestellt. Guthaben bei Kreditinstituten wurden mit 10:1 bewertet und verrechnet. Das Altgeld mußte ausnahmslos durch das Ausfüllen von besonderen Vordrucken deklariert und abgegeben werden.

Frau Hermine Gruber, geb. Lossow, erinnert sich:

„Ich habe ab 1. April 1942 bis 30. September 1944 in der Steinauer Volksbank als erster weiblicher Lehrling, und vom 1. Oktober 1944 bis 30. September 1953 als Bankkaufmann gearbeitet. Die Bank war damals im Hause C. A. Wessel untergebracht. Auf einer Fläche von ca. 40 Quadratmetern drängten sich Kunden wie Belegschaft im rechten Hausviertel. Der Eingang von der heutigen Brüder-Grimm-Straße aus führte direkt über den engen abgeteilten Windfang an die zwei Schalter. Ein Zahl- und Schreibmaschinentisch, sowie Aktenschränke, zwei Schreibtische und der Tresor machten das komplette Mobilar aus. Herr Wilhelm Heimann war unser Bankchef. In Anbetracht einer „neutralen" Abwicklung der Währungsreform wurde Herr Ernst Lanz als Schweizer Staatsbürger von den Behörden zum kommissarischen Leiter der Bank ernannt. Frau Kohnert und ich als Bankkaufmann, und Herr Herbert Guth von der Stadtkasse Steinau führten den Zahlungsverkehr durch.

In der damaligen Turnhalle des Rathauses, der heutigen Markthalle, fand die Auszahlung des Kopfgeldes und das Einsammeln des Altgeldes statt. Überall standen die Leute Schlange. Altgeld bei der Bank abheben, im Rathaus in Neugeld umtauschen und möglicherweise wieder teilweise bei der Bank als Sparreserve einzahlen. Der Geldfluß erfaßte zwangsläufig jeden und so hatten die Stadtbediensteten und die Bankangestellten alle Hände voll zu tun. Ich kann mich noch gut erinnern, daß wir zwei bis drei Nächte lang immerfort nur Geld zählten. Als Entschädigung für die Überstunden erhielten wir außer unserer normalen Lebensmittelkarte noch zusätzlich eine Raucherkarte. Dies war leider auch der Grund, warum ich mir vorübergehend das Rauchen angewöhnt hatte. Die Umstellung im Zahlungsverkehr ging ansonsten völlig reibungslos in Steinau vonstatten. Hinterher war einer so reich oder so arm wie der andere!"

Samstag, den 19. Juni 1948 — Südost-Kurier für den Ruperti-, Chiem- und Salzachgau — Nr. 48 — Jahrgang 3 — Seite 3

Gesetz Nr. 61 Neuordnung des Geldwesens
erlassen von der Militärregierung Deutschland, amerikanisches Kontrollgebiet

Die Militärgouverneure und Obersten Befehlshaber der amerikanischen, der britischen Zone und der französischen Zone sind zu dem Zwecke, die Folgen der durch den Nationalsozialismus herbeigeführten Währungszerrüttung zu beseitigen, dahin übereingekommen, für das Gebiet der Länder Bayern, Bremen, Hessen, Württemberg-Baden Hansestadt Hamburg, Niedersachsen, Nordrhein-Westfalen, Schleswig-Holstein, Baden, Rheinland-Pfalz or 1 Württemberg-Hohenzollern (im folgenden als „Währungsgebiet" bezeichnet) einheitliche Gesetze zur Neuordnung des Geldwesens zu erlassen.

Auf Grund dieses Uebereinkommens erlassen der Militärgouverneur und Oberste Befehlshaber der britischen Zone Gesetz Nr. 61 und der Militärgouverneur und Oberste Befehlshaber der französischen Zone Gesetz Nr. 158.

Das folgende Gesetz und die beiden vorstehend erwähnten Gesetze ersetzen die Reichsmarkwährung durch eine neue Währung, ordnen die Einziehung der außer Kraft gesetzten Zahlungsmittel und die Anmeldung der bei den Geldinstituten und sehen eine Erstausstattung der Bevölkerung, der Wirtschaft und der öffentlichen Hand mit neuem Geld vor.

Weitere Gesetze werden Bestimmungen treffen über die Umwandlung der im Währungsgebiet vorhandenen Reichsmark-Bestände, auch soweit sie Personen außerhalb dieses Gebiets gehören, über die damit im Zusammenhang stehende Bereinigung der Bilanzen der Geldinstitute, über die öffentlichen und privaten Reichsmarkschulden und über andere Fragen, die sich aus der Neuordnung des Geldwesens ergeben, bleibt die Steuerreform.

Den gesetzgebenden Stellen wird die Regelung des Lastenausgleichs als vordringliche, bis zum 31. Dezember 1948 zu lösende Aufgabe übertragen.

Zweiter Abschnitt
Kopfbetrag
§ 6

Jeder Einwohner des Währungsgebiets erhält im Umtausch gegen Altgeldnoten (§ 9, Absatz 4, Ziffer 1) desselben Nennbetrages bis zu 60 Deutsche Mark in bar (Kopfbetrag). Ein Teil des Kopfbetrags in Höhe von 40 Deutsche Mark wird sofort ausgezahlt, der Rest innerhalb von zwei Monaten. Wer zum späteren Umtausch von Altgeld berechtigt ist, hat Anspruch auf Beträge in Deutscher Mark; die Anrechnung des Kopfbetrages hierauf vorbehalten.

§ 7

Die Kopfbeträge werden ausgezahlt von den Stellen, die für die Ausgabe der Lebensmittelkarten der Berechtigten zuständig sind. Die Kopfbeträge können für andere Personen unter denselben Voraussetzungen erhoben werden, unter denen es zulässig ist, die Lebensmittelkarten für andere Personen in Empfang zu nehmen.

Dritter Abschnitt
Ablieferung und Anmeldung von Altgeld
§ 8

Ueber Altgeld darf vom 21. Juni 1948 an nur noch insoweit verfügt werden, als dieses Gesetz oder weitere Gesetze oder Durchführungsverordnungen es ausdrücklich zulassen.

§ 9

(1) Altgeld im Sinne dieses Gesetzes sind:
1. folgende Noten, soweit sie beim Inkrafttreten dieses Gesetzes als gesetzliches Kurs gesetzt worden sind (Altgeldnoten):
a) auf Reichsmark lautende Reichsbanknoten,
b) auf Rentenmark lautende Rentenbankscheine, mit Ausnahme der Rentenbankscheine zu 1 Rentenmark.
c) in Deutschland in Umlauf gesetzte Mark-

1. im Handelsregister eingetragene Einzelkaufleute hinsichtlich ihres zum Geschäftsvermögen gehörenden Altgeldes,
2. Personen, die für fremde Rechnung Bargeld verwalten oder Guthaben bei Geldinstituten unterhalten, hinsichtlich dieses fremden Geldes.

(4) Die Kassen der Gebietskörperschaften, der Postämter und der Postscheckämter und der sonstigen Kassen der Postverwaltungen sowie die Kassen der Bahnverwaltungen haben ihre Bestände an Altgeldnoten bis zum 26. Juni 1948 in ein Reichsmarkkonto bei einer Hauptumtauschstelle (§ 12, Absatz 1) einzuzahlen.

(5) Altgeld kann auch durch einen Bevollmächtigten des gesetzlichen oder statutarischen Vertreters des Verpflichteten abgeliefert und angemeldet werden. Die Vertretungsmacht des Bevollmächtigten ist gegenüber der Umtauschstelle (§ 12) durch eine schriftliche Vollmacht nachzuweisen.

§ 12

(1) Das Altgeld ist bei folgenden Stellen (Umtauschstellen) abzuliefern und anzumelden:
1. bei den Geldinstituten — mit Ausnahme der Bank deutscher Länder, der Postscheckämter und der Postsparkasse — (Hauptumtauschstellen),
2. bei Hilfsumtauschstellen, die von den Landeszentralbanken hierzu ermächtigt oder angewiesen werden (Behörden und Betriebe mit einer größeren Zahl von Arbeitnehmern).

Bei Geldinstituten, die kein Neugeschäft betreiben oder keine Einlagen annehmen dürfen, ist Altgeld abzuliefern oder anzumelden nur, wenn sie eine Hauptumtauschstelle sind. Ablieferung und Anmeldung ist grundsätzlich nur einmal vorzunehmen. Die Ablieferung und Anmeldung ist in besonders begründeten Ausnahmefällen und nur bei dem Geldinstitut statthaft, welches das Reichsmark-Abwicklungskonto (§ 13) führt.

(2) Wer bereits ein Altgeldguthaben bei einer oder mehreren Hauptumtauschstellen unterhält, hat das Altgeld, vorbehaltlich der Vorschriften der Absätze 3 und 4, bei einer

eine Kennkarte besitzt. Die Umtauschstelle lochst das erste Blatt der Kennkarte in der rechten oberen Ecke. Wird bei der Abgabe des Vordrucks die Kennkarte des Verpflichteten (§ 11, Absatz 2, Satz 1) nicht vorgelegt, so können Ansprüche aus dem Altgeld erst geltend gemacht werden, wenn die Kennkarte dem Geldinstitut, welches das Reichsmark-Abwicklungskonto führt, nachträglich zur Lochung vorgelegt wird, oder wenn das für den Verpflichteten zuständige Finanzamt entscheidet, daß auf die Vorlegung der Kennkarte verzichtet werden kann.

Vierter Abschnitt
Reichsmark-Abwicklungs-Konto
§ 13

Die Abwicklung aller Ansprüche, die dem Verpflichteten und seinen Familienangehörigen (§ 11, Absatz 2) nach deren seitens und späteren Gesetzen aus dem abgelieferten und angemeldeten Altgeld zustehen, wird bei einer Hauptumtauschstelle (Abwicklungsbank) mit Hilfe eines „Reichsmark-Abwicklungskontos" überwacht.

§ 14

(1) Wenn der Verpflichtete nichts anderes bestimmt, gilt das Reichsmark-Abwicklungskonto das Konto, auf das der angemeldete Geldbetrag nach § 12, Absatz 2—4 gutzuschreiben ist. Hat der Verpflichtete keine Altgeldnoten abgeliefert, so gilt das angemeldete Konto als Reichsmark-Abwicklungskonto. Werden von einem Verpflichteten, der bei Altgeld angemeldet hat, bei einer Hauptumtauschstelle mehrere Reichsmarkkonten angemeldet, so gilt als Reichsmark-Abwicklungskonto das bei dieser Hauptumtauschstelle unterhaltene Konto, das in Ziffer 9 des Vordrucks B zuerst aufgeführt ist; unterhalten der Verpflichtete und seine Familienangehörigen bei dieser Hauptumtauschstelle keine Altgeldguthaben, so gilt das im Vordruck an erster Stelle aufgeführte

72

In 1948 war die Not am größten. Das Erntedankfest jeweils im Herbst wurde noch mit einem Umzug durch Steinau feierlich begangen. Urmanns Dreschmaschine durfte da natürlich nicht fehlen, wie hier im September 1951.

Zahnärzte in arger Bedrängnis

Wo sich diese makabre Geschichte abspielte, ist nicht völlig geklärt. Vielleicht entsprang sie auch der Vorstellungskraft eines humorvollen Zeitgenossen. Wichtig ist, daß sie sich auf die Nachkriegsjahre bezog, in denen Hunger und Not auf der Tagesordnung standen, und daß sie sich natürlich auch in Steinau zugetragen haben könnte.

Der Zeitungsbericht vermeldete das Jahr 1947, Berichterstatter war Herr K. Langner: Ein beängstigendes Gefühl muß es schon sein, gerade in den jetzigen Zeiten in weit aufgerissene Münder zu sehen. Ich meine hier keine Parlamentsabgeordneten oder Mitglieder eine Beschwerdensammelstelle – nein, ich denke an die armen Zahnärzte. Ja, ich sage: die „armen" Zahnärzte und habe dabei nicht etwa ihre Vermögensverhältnisse im Auge.

Er kam mir heute gleich so verändert vor, mein Zahnarzt nämlich. Als ich in ihn drang, gestand er mir schließlich, gestern habe ein Patient zubeißen wollen. Er habe seine Finger nur durch die größte Geistesgegenwart rechtzeitig genug zurückziehen können. Besagter Patient sei ihm zwar gleich anfangs so hungrig erschienen, aber – heute sähen doch (fast) alle gleich aus. Während des Erzählens waren seine Augen unwillkürlich ängstlich geweitet, und verstohlen musterte er seine geretteten Finger. Übrigens kann ich dem Patienten seine Unbeherrschtheit gar nicht so übel nehmen. Lassen Sie sich in Ihren krampfhaft geöffneten Mund endlich einmal etwas Beißbares halten, ohne zuzubeißen! Es ist für beide Teile nervenaufreibend, für den Zahnarzt und für den Patienten.

Wie bekommt man eine neue Glühbirne?

Der verzweifelte Rettungsruf war unüberhörbar, denn er wurde von einem geplagten Bürger aus unserer Gegend vorgetragen und gleichzeitig in der Lokalpresse abgedruckt. Vier ausgebrannte Glühbirnen hatten den armen Mann veranlaßt, sich halb resignierend, halb ironisch an die Öffentlichkeit zu wenden, denn wer sitzt schon gern abends wochenlang im Halbdunkel bei flackerndem Kerzenschein in der heimischen Wohnung? Man schrieb das Jahr 1948:
„Ich beantragte im September Ersatz für vier ausgebrannte Glühbirnen und habe an verschiedene Stellen geschrieben, weil die Zuständigkeit unklar blieb (Porto, Papier, Zeit). Am 15.2. kam per Einschreiben gegen 0,84 RM Einschreibeporto ein Bezugsschein mit zwei Unterschriften auf eine Glühbirne. Diese Glühbirne war in dem 45 km entfernten Hanau a. M. in einem vom Bahnhof etwa 1,5 km entfernten Wohnhaus abzuholen! Hier ist der Osram-Händler mein Nachbar, doch gehen seine Glühbirnen größtenteils nach auswärts. Besteht eine Möglichkeit, die ‚Planwirtschaft' um eine Glühbirne für 1,15 RM nicht noch etwas umständlicher zu machen? Wenn ich Bäcker oder Müller wäre, bekäme ich die Birne für 2 Pfund Mehl ins Haus getragen . . ."

Sensen geschützt tragen

Nach einer allgemeinen Polizeiverordnung müssen Sensenklingen, solange sie unbenutzt sind, der ganzen Länge nach mit einer die Schneide vollständig bedeckenden und über die Spitze hinausragenden Verkleidung versehen oder durch Umwickeln geschützt sein.
Behördliche Aufforderung im Juni 1949

So ist es !

Was willst Du Freund? Was bietest Du? –
so geht's in uns'rer Wirtschaft zu.
Wer „manches" hat, so „manches" kriegt,
was stillverwahrt auf Lager liegt.
Zwar heißt es immer: Gibt es nicht –
was denken Sie denn, „armer Wicht"?
Das, was Sie wünschen, lieber Mann,
bekommen wir jetzt nicht mehr ran.
Ja, lieber Käufer, sicherlich
wolltest begleichen bargeldlich.
Hör', armer Wicht: „Kompensation"
ist doch der Wirtschaft führend Ton!
Und kannst Du kompensieren nicht,
dann bist Du wirklich ein armer Wicht. –
Was willst Du, Freund? Was bietest Du? –
so geht's in vielen Läden zu.

Ein „Notgedicht" von einem unbekannten Zeitgenossen mit den Initialen R. W., veröffentlicht im Juli 1947

Am „Heiligen Abend" des Jahres 1948 wünschte Bürgermeister Hufnagel den Steinauern durch folgende Presseveröffentlichung ein frohes Weihnachtsfest und alles Gute für das Neue Jahr:

„Ein Jahr voller Nöte und Sorgen, in ihrem Umfange kaum zu bewältigen, liegt hinter uns. Noch immer lasten die Auswirkungen des Krieges, die nicht so schnell überwunden werden können, auf uns allen. Es fehlt so vieles zu einem Weihnachtsfest, wie wir es von früher kennen. Die Stadtverwaltung ist stets bestrebt, ihren Bürgern, neuen wie alten, eine Stätte heimatlicher Geborgenheit zu sein. Der gute Wille, das geistige Motiv der Weihnacht, gibt uns dazu Mut und Vertrauen in die Zukunft.
Hoffen wir über alle materiellen Wünsche hinaus, daß die große Sehnsucht nach Sicherheit des Lebens und nach einem dauernden Frieden im neuen Jahre auch für uns verwirklicht werden möge."
Bürgermeister Ludwig Hufnagel

Aus den Kinzigtal-Nachrichten vom 24.12.1948

Waldfrüchte gehörten in den Zeiten der Not zur Ernährung. Das Bild zeigt drei Steinauer Frauen nach dem Beerenpflücken. Von rechts erkennen wir Dorothea Hufnagel, Sofie Merx und Elisabeth Merx.

Verteilung von Bucheckernöl

In der 2. Woche der 109. Zuteilungsperiode kommen an Normalverbraucher über 60 Jahre, Schwerbeschädigte, Versehrte, an politisch, rassisch und religiös Verfolgte, die von der örtlichen Betreuungsstelle anerkannt und im Besitze eines entsprechenden Ausweises sind, an Insassen von Krankenanstalten und TBC-Heilanstalten und Altersheimen, soweit diese die Verpflegungssätze A, B und C erhalten, je 250 Gramm Bucheckernöl zur Ausgabe.

Behördliche Veröffentlichung Ende November 1947

Die Lebensmittelrationen im Juli 1949

Im Monat Juli werden die Brot- und Weißbrotrationen in der bisherigen Höhe aufgerufen. Auch die Nährmittelrationen bleiben unverändert. Die Fleischration für Versorgungsberechtigte über einem Jahr wird für Juli auf 750 g festgesetzt. Darüber hinaus wird den Empfängern gewerblicher Zulagen wieder eine Fleischzulage gewährt, die für Teilschwerarbeiter 125 g, Mittelschwerarbeiter 250 g, Schwerarbeiter 375 g und Schwerstarbeiter 625 g monatlich beträgt.

Bei Fett hat die erhöhte Eigenproduktion der letzten Wochen eine weitere Aufbesserung der Zuteilungen gestattet. Die Rationen werden für Normalverbraucher über 6 Jahre auf 1000 g und für Kinder bis zu 6 Jahren auf 750 g erhöht. Normalverbraucher über 6 Jahre erhalten im Juli 375 g Butter, von denen 125 g als Vorgriff bereits im Juni aufgerufen wurden. Der Butteranteil für Kinder von 1 bis 6 Jahren beträgt 500 g.

Auf die übrigen Fettabschnitte können je nach Wahl Butterschmalz, Margarine, Speiseöl, Pflanzen(Platten-)fett sowie Schlachtfette in- oder ausländischer Herkunft gekauft werden. Die Käseration wurde ebenfalls auf 250 g heraufgesetzt. Mit Wirkung vom 1. Juli erhalten nun auch Jugendliche von 10 bis 16 Jahren täglich ¼ Liter Vollmilch.

Die Zuckerration ändert sich nicht; sie wird nur noch in Weißzucker ausgegeben.

Die Militärregierung hat die Genehmigung der von der VELF beantragten Aufhebung der Rationierung bei verschiedenen Nahrungsmitteln von der Vorlage einer zusammenfassenden Planung über die Lebensmittelversorgung und -verteilung im kommenden Wirtschaftsjahr abhängig gemacht. Da ein klarer Überblick über die eigene Ernte sowie die Einfuhren im neuen Marshallplan-Jahr z. Z. jedoch noch nicht möglich ist, muß die Rationierung der sogenannten Nebenerzeugnisse z. B. Kaffee-Ersatz, Hülsenfrüchte, Suppen und Soßen und Trockenfrüchte, zunächst noch aufrechterhalten bleiben, bis die Versorgungsaussichten endgültig geklärt sind.

Veröffentlicht in den Kinzigtal-Nachrichten vom 25. Juni 1949

„Scheuerbambel", ein Genuß

Die Raucher hatten es in der Nachkriegszeit wirklich nicht leicht, sie konnten einem leid tun. Zigaretten waren Mangelware, es sei denn, man konnte für kleine Gefälligkeiten bei den Amerikanern die eine oder andere „schnorren". An den Straßenrändern suchten die „Kippenstecher" verzweifelt nach Tabakresten, ein beliebter Rentnersport in diesen Jahren. Die Kinder waren mit im Einsatz bei der Tabaksuche, und so mancher Heranwachsende rauchte die achtlos weggeworfene und brennende Kippe der Besatzungssoldaten verstohlen weiter.

Der Tabakanbau stand in voller Blüte; die Miniplantagen hinter dem Haus im Garten von reichlich 15 m^2 erfreuten sich einer liebevollen Pflege. Gegossen werden mußten die zarten Pflänzchen regelmäßig, und obendrein brauchten sie reichlich Sonne; durchaus verständlich, daß der rauchende Familienvater sein Tabakarsenal mit Argusaugen behütete. Wie im einzelnen die Tabakernte und ihre Veredelung erfolgte, darüber gibt ein Bericht in den Kinzigtal-Nachrichten vom 5. August 1947 Aufschluß. Unter der Überschrift „Bald beginnt die Tabakernte" sind folgende praktische Tips für den Anbauer veröffentlicht:

Wichtig für die Güte des Tabaks ist der richtige Erntezeitpunkt, also das natürliche Reifestadium. Ende Juli, Anfang August ist die Entwicklung der Tabakpflanzen so weit, daß mit der Ernte begonnen werden kann. Die Erntezeit wird je nach dem Stand der Blätter, von unten an gerechnet, in fünf Gruppen eingeteilt, nämlich die Grumpen, das sind die untersten, überreifen drei Blätter, das Sandblatt, das sind die nächsten drei bis vier Blätter. Das Mittelgut zeigt den Reifegrad durch die sogenannten Fettflecken in Form von hellen, durchscheinenden Ölflecken an. Es wird 10 bis 20 Tage je nach Witterung nach dem Sandblatt gebrochen. Das Hauptgut wird nach weiteren acht bis zehn Tagen erntereif, das Obergut nach nochmals acht bis zehn Tagen.

Die Ernte soll an sonnigen Tagen erfolgen, an denen die Blätter schlapp und nicht so empfindlich gegen Bruch und Zerreißen sind. Beim Aufschichten sind die Stielenden nach einer Seite zu legen. Sobald die Blätter in der Aufschichtung welk sind, muß man sie mit Weidenruten, Bändern oder Strohseilen zusammenbinden. Danach Einfahren, Verschnürung lösen, abwelken lassen. Nach ein bis zwei Tagen mit der Tabaknadel auf Tabakgarn oder Bindfäden auffädeln. Aufhängevorrichtung 1,2 bis 1,5 m lang.

Die Blätter werden an den „Bandelieren" für Zigarettentabak im Schatten, für Schneidetabak im Licht, aber grundsätzlich unter Dach getrocknet. Bei der Trocknung ist darauf zu achten, daß die Schnüre nicht zu eng hängen. Sie dauert bis zu neun Wochen.

In einer Zeit, in der ein akuter Mangel an Grundnahrungsmitteln bestand und jeder Quadratmeter Boden kostbar war, blieben Vaters Rauchgewohnheiten nicht ohne Kritik in der Familie. Flüche, wie „Verdammt noch e mol, der mecht joa de ganz Goarte voll Tuwak, ball meh wie Kartoffel", waren keine Seltenheit. Experten trieben die Dinge mit dem anschließenden Parfümieren in froher Erwartung eines gesteigerten Genusses zur völligen Vollendung. Dazu wurde der getrocknete Tabak in ein Einmachglas gesteckt und unter Zugabe von Parfüm „gedämpft". Manchmal mußten die Kinder Schmiere stehen, wenn sich Vater an Mutters bescheidene Parfümration heranpirschte. Was eine Arbeit, bis sich das Produkt nach dem Schneiden endlich im „Klöbchen" befand. So mancher hatte dieses Glücksgefühl mangels fertigem Tabak nicht abwarten können. Teeblätter mußten vorübergehend herhalten. Frau und Kinder durften leider den Gestank einatmen, und auch die Gesichtszüge des Übeltäters verrieten nicht unbedingt die nötige Befriedigung. Es war halt eine miese Zeit!

Ein Kochtopf und acht Festmeter Holz

Es ging nicht mehr vorwärts, aber auch keinen Meter mehr zurück. Der LKW saß schon mit der Hinterachse im Schlamm, die Räder hatten sich tief in den Morast hineingemahlen – Ende eines Umzuges anno November 1949, nur wenige Meter entfernt von dem ersehnten Ziel. Es regnete in Strömen. Der interessierte Zaungast mußte vor Neid erblassen, hatten doch die ankommenden „Flüchtlinge" tatsächlich soviel Hab' und Gut bei sich, daß das große Fahrzeug mit seiner gewaltigen Fracht einfach im Erdboden zu versinken drohte. Wer sich jedoch bei einbrechender Dunkelheit die Mühe machte, etwas genauer hinzuschauen, der konnte beim Abladen keine wertvollen Möbelstücke entdecken. Holz, Holz, und nochmals Holz luden Vater, Mutter und einige Helfer eiligst ab, um das Fahrzeug zu entlasten. Doch es saß so tief im Schlamm; es konnte sich aus eigener Kraft nicht mehr befreien, so sehr der Fahrer auch fluchte. Leonhard Urmann mußte schließlich mit seinem Traktor zu Hilfe eilen, um den steckengebliebenen Lastwagen aus dem Schlamm herauszuziehen. Diese ersten Eindrücke von Steinau werden mir ewig im Gedächtnis haften. Fünfeinhalb Jahre war ich gerade alt, als wir aus der Gießener Gegend in das Kinzigtalstädtchen umzogen. Mein Vater, im Frühjahr desselben Jahres endlich aus russischer Kriegsgefangenschaft zurückgekehrt, bekam in der Firma INHAG wieder in seinem erlernten Beruf Arbeit. Nachdem er mit dem Großvater vorübergehend ein paar Wochen draußen bei „Hildebrands" übernachtet hatte, holte er den Rest der Familie im Spätherbst zu sich nach Steinau. Nie werde ich vergessen, als wir nach langer Fahrt durch den Vogelsberg über holprige Straßen gegen Abend schließlich in Steinau eintrafen.
Hinten auf der Ladefläche des LKW's stapelten sich die Buchenscheite bis unter's Dach – unser einziger Besitz, den wir natürlich unmöglich im alten Wohnort zurücklassen konnten. Ach so, einen Kochtopf besaßen wir auch noch, und das, was wir auf dem Leibe trugen.
Im einzigen Neubau weit und breit, dem Hause Bott-Seelig, damals hieß das ganze Flurstück einfach „Leimenheeg", hatte mein Vater eine Wohnung gefunden. Doch so sehr sich die fleißigen Besitzer auch mühten, der Neubau war nicht rechtzeitig fertig geworden. Fenster waren gerade eingebaut, kein Weißbinder, keine Haustüre, kein Licht, keine Sockelleisten – es zog „wie Juch" im ganzen Haus. Und wir . . ., wir hatten keine Betten, kein Bettzeug, keinen Tisch, keinen Stuhl, keine . . .! Nichts, buchstäblich nichts hatten wir! Doch! Einen Kochtopf!!!
Am nächsten Tag ging die Lauferei zu den Behörden los: Antrag auf einen zweiten Kochtopf, Antrag auf einen Einheitsherd (aus Gußeisen), Antrag auf zwei Feldbetten (deutsch aus Holz). Herr Brand im Wohnungsamt der Stadt Steinau hatte alle Hände voll zu tun. Wir waren nicht die einzigen. Sie standen Schlange und jeder bat um Hilfe, die sehr oft die Grenzen des Machbaren überschritt. Es gab einfach zu viele Frauen, Männer und Kinder, die man aus ihrer Heimat

Landkreis Gießen

Vor- und Zuname: Freund Gerhard   Alter: 6.3.44

Betr.: Flüchtlingsbetreuung:
O.B.

Allgemeiner Gesundheitsbefund: z. Zt. kein Ungeziefer und keine ansteckenden Krankheiten nachweisbar

Rö.D. o.B.

Frei von ansteckenden Krankheiten: Ja — Nein

Entlaust: Ja — Nein am:

Gegen Typhus, Paratyphus geimpft:

1. am:
2. am:
3. am:

Mit **DDT-Puder** desinfiziert
Giessen, den 4.3.46

Gießen, den 4.3.1946

Unterschrift des Arztes:

(Stempel)

2414. — Klein, Gießen

Jeder Heimatvertriebene oder Ausgebombte, im Volksmund einfach „Flüchtling" genannt, wurde behördlicherseits auf Ungeziefer untersucht und desinfiziert. Die Bescheinigung für das Nichtvorhandensein kleinerer Tierchen nannte sich „Entlausungsschein".

vertrieben hatte und die jetzt auf die Hilfe der Behörden angewiesen waren. Neubürger oder einfach Flüchtlinge wurden sie genannt. In Wirklichkeit waren es Ausgewiesene, Heimatvertriebene oder Ausgebombte.

Wir hatten das Glück, sofort eine Wohnung zu finden – massiv mit ordentlichem Dach über dem Kopf – das machte uns schon glücklich. Am „Burgweg", da schossen etwa zur selben Zeit die Behelfsheime wie Pilze aus dem Boden. Kinderreiche Familien auf ein paar Quadratmeter zusammengepfercht, das war gang und gebe in der Nachkriegszeit natürlich auch in Steinau.

Was machte es da schon aus, daß ich als kleiner „Pimpf" über eine Maus erschrak, die sich plötzlich in meinem Kinderbett tummelte! Waren vielleicht die Strohsäcke daran schuld, die Mutter einige Tage vorher für uns alle genäht und gestopft hatte? Oder lockte abends etwa das fahlflackernde Licht der Petroleumlampe die Mäuse an? Zu essen hatten wir jedenfalls selbst nicht viel! Das hätten die Tierchen bei uns nicht suchen müssen.   G. F

Steinau und seine Geißlein
Tolles Angebot: 1500,— Mark für zwei Ziegen

Die Römhelds Nelli hatte nach dem Zweiten Weltkrieg etwa 15 Ziegen. Fast jeder Haushalt verfügte über mindestens eine Geiß, denn nach der Ziegenbockveranlagung aus dem Jahre 1948 gab es im Stadtgebiet 635 deckfähige Ziegen. Und das waren weiß Gott nicht alle, denn tatsächlich dürften es mehr als tausend gewesen sein. Viele junge Böcklein sind nämlich bei der Erfassung von den Besitzern nicht angegeben worden, derweil sie innerhalb des ersten Jahres wieder geschlachtet wurden.

Es war eine arme Zeit, die Zeit vom Kriegsende bis zur Währungsreform. Naturalien jeglicher Art standen hoch im Kurs. Die „Kuh des kleinen Mannes", wie die Ziege trefflich bezeichnet wurde, erfreute sich aus berechtigten Gründen großer Beliebtheit. Tagsüber hüteten sie die Kinder, und abends nach der Arbeit sah man so manchen „Nebenerwerbslandwirt" mit seiner Geiß im Freien. Kein Wunder, daß die Wegränder oder Bahndämme „Picco bello" kahl gefressen waren, bestimmt ein billiger und aktiver Beitrag zur Sauberhaltung der Natur.

Ihren stolzen Preis hatte so eine Ziege in dieser Zeit: In den Jahren 1946 bis 1948 kostete sie ca. 500,— Reichsmark, eine gewaltige Summe für damalige Verhältnisse. Ein Fuldaer Industrieller soll einem Steinauer, der seine Ziegen gerade am Bahndamm hütete, sogar 1500,— Mark für zwei Ziegen geboten haben. Und obwohl der Familienvater noch mit 1400,— Mark durch den Bau eines Siedlungshauses „in der Kreide" stand, wollte er die beiden Ziegen nicht verkaufen. Die Ziegenmilch für die kommenden Wochen war ihm wichtiger in der schlechten Zeit.

Eine Geiß im Mercedes erspart den Viehtransport

Für die Vermehrung sorgte der städtische Ziegenbock im Viehhof. Er mußte reinrassig sein und seine genaue Abstammung nachweisen können: zur Verhinderung möglicher Inzucht!

Die Vatertierhaltung war sehr teuer, zumal die Böcke aufgrund gesetzlicher Vorschriften alle zwei Jahre ausgetauscht werden mußten, und ein „Vatertier" kostete immerhin etwa 600 Mark. Später stand der Bock oben „Auf dem Leimenheeg" im städtischen Bullenstall und wartete auf Arbeit. Da kam doch eines Tages aus einem der umliegenden Dörfer eine Frau mit einem Mercedes vorgefahren, hat den Kofferraumdeckel ihrer Luxuslimousine aufgemacht, und, man kann es kaum glauben, springt doch aus dem Fahrzeugheck munter eine Geiß heraus. Ob es wohl bei diesem Anblick dem Ziegenbock im Bullenstall die Sprache (das Meckern) verschlagen hatte? Seinen Pflichten konnte er dennoch nachkommen. Jedenfalls hielt der beißende Gestank im Mercedes die gute Frau nicht davon ab, nach dem Deckvorgang ihre Geiß in aller Seelenruhe wieder in heimische Gefilde zu chauffieren.

Auf Reh geschossen — Geiß getroffen

Natürlich gab es bei soviel bockbeinigen Haustieren auch allerlei amüsante Geschichten. Wie mag wohl einem passionierten Jäger ums Herz gewesen sein, der stundenlang bei Wind und Wetter auf dem Hochsitz ausharrte, schließlich doch noch einen Abschuß tätigte und statt des erhofften Rehbocks einen braunen Ziegenbock erlegte. Das Erstaunen im Gesicht des Apothekers Rappe wich einem Lachen, als er erfuhr, daß er doch tatsächlich die entlaufene alte Geiß des Metzgers Peter Herchenröder vor die Flinte bekommen hatte.

„Stöppel für Gänsörsch"

Unterhalb der Schiefer hat Johannes Knöll noch nach dem 2. Weltkrieg seine Holzhalle gehabt, und so mancher Besen ist auch dort von ihm hergestellt worden. Die Steinauer nannten ihn einfach „Vetter Knöll". So manche lustige Geschichte ist von ihm bekannt. Er ist oft vom Fuchsberg aus dort hinaufgekommen, denn die Hühner im „Pirch" neben der Holzhalle mußten regelmäßig gefüttert werden. Und er lockte sie nicht etwa mit dem sonst üblichen „Komm, Piep, Piep, Piep", sondern klopfte einfach mit dem Stock auf einen harten Gegenstand. Schon kamen sie aus allen Ecken herbeigesprungen. Die frisch gelegten Hühnereier trug er in einem Säckchen nach Hause. Dieser Vorgang lief regelmäßig wie das Ticken eines Uhrwerkes Tag für Tag ab und wäre auch nicht besonders erwähnenswert, hätte ihn nicht eines Tages auf dem Heimweg ein Bekannter getroffen und gefragt: „No, Vetter Knöll, woas hoat Ihr dann in Äuerm Sack?" Kurz war die Antwort des Gefragten für den Neugierigen: „Stöppel ... für ... Gänsörsch!"

Fünf Besitzer und immer noch keine Milch

Auch der Schuster Sauer konnte von einer leidvollen Erfahrung mit einer braunen Ziege berichten. Er hatte in Breitenbach und Kressenbach Schuhe besohlt und wohl als Entlohnung eine braune Geiß mit nach Hause gebracht. Sie sah einem Reh zum Verwechseln ähnlich. Doch was nutzte das schöne Aussehen; sie ließ sich nicht melken und gab demzufolge auch keine Milch. Nachforschungen brachten Herrn Sauer Gewißheit: Fünf Besitzer konnten sie vor ihm ihr Eigen nennen. Jeder hatte sie wegen ihrer Schönheit gekauft, weil sie aber keine Milch gab, wurde sie schnell wieder einem anderen „verhökert".

Rettungsaktion für einen Klapperstorch

Tief unten im Schornstein lag eingezwängt ein hilfloser Storch, ohne Chancen, sich jemals aus dieser ausweglosen und lebensgefährlichen Situation mit eigener Kraft befreien zu können. Seine Lebensgefährtin stand traurig auf der angrenzenden Wiese und jammerte.
Im April 1955 wollte sich ein Storchenpärchen auf dem 18 Meter hohen Schornstein des Sägewerks Dummler im Norden der Stadt neu ansiedeln. Bei dem Versuch, in luftiger Höhe ein Nest zu installieren, hatte der fleißige Storch das Gleichgewicht verloren und war in den Schacht des Schornsteines gestürzt. Schon vorher wollten die Familien Dummler und Hofmann die Ansiedlungsversuche des Pärchens mit einem Wagenrad erleichtern, doch die Leiter der Feuerwehr war für ein derartiges Unternehmen leider zu kurz. Und so gab es nach dem Storchenunglück auch keine Möglichkeit, den Abgestürzten aus seiner mißlichen Lage durch einen Einstieg von oben zu befreien, obwohl an der Innenwand des Schornsteines Metallbügel dafür vorhanden waren. Auch befand sich an der Unterseite des Schornsteines keine Öffnung, die eine Bergung des Tieres ermöglichte. Was tun, um Meister Adebar zu befreien?
Kurz entschlossen schachtete man am Fuße des Schornsteines ein Loch aus und mit Stemmeisen gelang es schließlich, sich bis zu dem Storch „vorzubuddeln". Er konnte völlig unversehrt geborgen werden. Seine treue Lebensgefährtin, die sich während der gesamten Aktion nicht vom Fleck rührte, nahm ihn freudig in Empfang und flog mit ihm auf und davon.

Wohnungsnot auch über den Dächern Steinaus

Seit fast dreißig Jahren gelang es nicht mehr, ein Storchenpärchen in Steinau anzusiedeln. Der alte Fabrikschornstein der Wagenfabrik Romeiser war früher bei den Störchen als Horst und Nistplatz sehr beliebt. In den Überschwemmungsgebieten der Kinzig, wo es noch genügend Frösche gab, fanden die Rotschnäbel reichlich Nahrung. Künstliche Eingriffe in die Natur, wie das Trockenlegen von Feuchtgebieten und das Begradigen von Wasserläufen, haben allmählich die Nahrungsgrundlagen der gefiederten Tiere vernichtet. Doch auch an den Schornsteinen nagte der Zahn der Zeit. Der Romeiser'sche Schornstein hatte nicht nur durch Kriegseinflüsse stark gelitten. Im Jahre 1949 standen die oberen zwei Meter, bedingt durch Humus und Guano und deren Zersetzungseigenschaften kurz vor dem Zusammenbruch. Das Nest hatte seinen Halt verloren, weil Speichen und Radnabe des Wagenrades nach innen in den Kamin gestürzt waren. Gewiß hätte der Horst den nächsten Herbststurm nicht überstanden, er mußte daher abgestoßen werden. Obendrein kam es im Jahre 1949 zu keinem Familienidyll in luftiger Höhe mehr; nur ein alter Einsiedler hatte sich trotz des baufälligen Nestes noch eingefunden und seine Wohnung gegen jeden Eindringling verteidigt.

Steinau ohne Klapperstorch – kein Wunder, daß auch in der alten Stadt an der Straße die Geburtenstatistik durcheinander geriet. Waren das noch Zeiten, als Ludwig Emil Grimm ein Storchennest auf dem Rathaus, mitten im Stadtzentrum malen konnte und damit der Nachwelt überlieferte! Vielleicht zieht der neue Stausee zwischen Ahl und Steinau wieder ein Storchenpärchen an? Es wäre der Märchenstadt, aber auch den vielen Lehrern zu wünschen, die dann in sechs, acht, zehn oder fünfzehn Jahren nicht über mangelnde Schülerzahlen zu klagen brauchten.

Tollkühne Männer auf der Startbahn Steinau-Ost

Die Flasche Sekt zerschellte an der Nase des Flugzeuges; die Taufe auf den Namen „Piepmatz" war somit vollzogen. Kurz darauf wurde das Segelflugzeug von der Startmannschaft den Hang oberhalb der Weiherwiesen hinaufgezogen und startklar gemacht. Das Gummiseil mußte aufgenommen werden. Die Rufe folgten einander: „Haltemannschaft – fertig!" „Startmannschaft – fertig!" „Ausziehen – laufen – los!"

„Und schon flog Fluglehrer Leo Chodura den ersten Gleitflug und landete nach einer S-Kurve in 22 Sekunden in der vorgesehenen Landegasse."

So schilderte die Lokalpresse den Jungfernflug des Schulgleiters vom Typ SG 38 am 6. Januar 1953. Der Vorsitzende Udo Markgraf sowie Hans Stoppel, Heinrich Appel und Kurt Pitter folgten dem Beispiel, bestiegen die Segelmaschine und erzielten ähnlich gute Flüge. Es war ein erhebendes Gefühl, hinunterzugleiten, auch wenn der Flug nur wenige Sekunden dauerte. Bürgermeister Oertel hatte dem neuen Flugzeug viel Glück und Erfolg gewünscht. Man war stolz! Immerhin konnten die Mitglieder der Steinauer Segelfluggruppe mit dem neuen Schulungsflugzeug für Anfänger nach zehn bis fünfzehn Starts die ersten Bedingungsflüge für die A-Prüfung absolvieren. Und bei günstiger Witterung, bemerkten die Experten, sei sogar Hangsegeln für die B- und C-Prüfung möglich. Die Presseberichterstattung ergänzt: „Einfachste und solide Bauart zeichne den Schulgleiter aus, damit ihm die ‚Bumslandungen' bei Anfängern nicht schaden könnten. Auch die Steuerorgane reagierten aus diesen Gründen schwerer als bei anderen Segelflugzeugen."

Tollkühne Männer in ihren fliegenden Kisten, kann man da nur sagen – es gab sie auch in Steinau, vor mehr als dreißig Jahren.

Der damalige Vorsitzende der Steinauer Segelfluggruppe, Udo Markgraf, ließ es sich nicht nehmen, den Fluggleiter „Piepmatz" selbst mehrfach zu testen.

Als im Jahre 1953 die Hauptstraße in Richtung Friedhof geteert werden sollte, geriet an der Ecke zur Bahnhofstraße ein Teerfaß in Brand.

Flammendes Inferno am Katharinenmarkt

Blutrot war der Himmel über dem Steinebachtal vor dem Hundsrück. Die Steinauer feierten ihren traditionellen Katharinenmarkt, als gegen 22.30 Uhr die Sirenen ertönten. Man schrieb den 27. November 1970. „Die INHAG brennt, die INHAG brennt..." Wie ein Lauffeuer eilte die Schreckensnachricht durch Lokale und Tanzsäle. Die Feuerwehr war schnell mit „Mann und Maus" zur Stelle, alle Löschfahrzeuge waren im Einsatz. Ortsbrandmeister Karl Frischkorn und seine 80 aktiven Wehrmänner leisteten ganze Arbeit. Dennoch konnten sie nicht verhindern, daß die Wirkerei der INHAG ein Opfer der Flammen wurde. Etwa drei Millionen Mark Sachschaden und etliche verletzte Feuerwehrleute waren die traurige Bilanz.

Ein Feuerteufel hatte unerkannt im nächtlichen Dunkel gewütet und gab sich in dieser Nacht noch immer nicht zufrieden.

Kurz nach Mitternacht lag das Steinauer Industriegelände im glänzenden Licht der Flammen. Die Firma Ziegler war das zweite Ziel eines unbekannten Brandstifters. Die Steinauer Feuerwehr, die gerade den INHAG-Brandherd unter Kontrolle gebracht hatte, konnte es nicht mehr schaffen. Die Feuerwehrkameraden aus Schlüchtern wurden per Funk zu Hilfe gerufen, doch ihnen erging es wie wenig vorher den Steinauer Kollegen – es gab kaum noch etwas zu retten. Die Firma Ziegler brannte völlig aus – Schaden ca. eine halbe Million Mark.

Die beiden „Katharinenmarktsbrände" sorgten für große Schlagzeilen; die Steinauer Bürger waren verbittert und voll Zorn, hatte man ihnen doch ihr schönes Heimatfest völlig vermiest.

Doch der Feuerteufel schlug wieder zu. Genau ein Jahr später und wieder am Katharinenmarktsfreitag. Unglaublich, mitten in der Stadt unter den feiernden Menschen war das landwirtschaftliche Anwesen Heinrich Euler im Viehhof in Flammen aufgegangen. Durch das abermalige schnelle Eingreifen der Steinauer Feuerwehr konnte ein Übergreifen des Brandes auf den engbebauten Altstadtkern verhindert werden.

Noch Jahre später griff die Angst am Katharinenmarkt unter der Bevölkerung um sich, die Kripo bewegte sich unauffällig unter den Festbesuchern; die Feuerwehr war in Bereitschaft. Doch der Brandleger konnte bis heute nicht ermittelt werden.

Aus der Fuldaer Zeitung vom 28.11.1970

Vier Spazierstöcke – vier Steinauer Originale, aufgenommen im Jahre 1980. Wir erkennen von links: Eleonore Cron, Johannes Rosenberger, Paul Traxel, Adam Frischkorn.

„Bankräuber" saßen vergnügt am Stammtisch

„Mensch, mach doch endlich auf!" Erregt klopfte ein Steinauer Bürger zu mitternächtlicher Stunde gegen die Eingangstüre eines renomierten Gasthauses in der Steinauer Altstadt. Endlich öffnete der Wirt und fragte neugierig, was denn eigentlich los sei. „Drüben bei der Volksbank sind welche im Keller und brechen ein!" Der aufmerksame Bürger sagte es zweimal ganz leise mit dem Zeigefinger vor dem Mund. „Das gibt es doch gar nicht, da hast Du Dich bestimmt geirrt", lautete die lakonische Antwort des verschmitzt lächelnden Wirtes. „Doch, doch, ich habe doch eben auch die Schüsse gehört!"

„Na gut, dann laß uns einmal nachsehen!" Und schon schlichen beide vorsichtig um die Volksbank herum. Nichts, aber auch gar nichts war zu hören, und zu sehen gab es erst recht nichts. „Siehste, ich hab' Dir gleich gesagt, da bricht niemand ein", schlußfolgerte der Wirt und verschwand wieder in seinem Lokal. Kurze Zeit darauf hörte der nächtliche Spaziergänger wieder Schüsse, und da gerade zwei Passanten vorüberkamen, teilte er diesen seine aufregenden Beobachtungen mit. „Ruf doch einfach die Polizei an", – eine kurze, aber klare Empfehlung. So kam es, daß sich der „Privatdetektiv" zur

Telefonzelle am Stadtberg begab und der Aufforderung unverzüglich nachkam.

Es dauerte nur wenige Minuten, bis der Polizeiwagen mit rasender Geschwindigkeit auf die „Märchenstadt" zufuhr. Das Blaulicht war meilenweit am nächtlichen Horizont zu sehen. Vor der Volksbank hielt das Polizeifahrzeug an. Die Polizeibeamten schwärmten sofort in gebückter Haltung rund um den vermeintlichen Tatort aus. Die schmalen Lichtkegel der Taschenlampen bewegten sich gespenstisch an den Hauswänden. Wo waren die Einbrecher? Fluchtwege mußten unverzüglich versperrt werden!

Plötzlich huschte ein Schatten drüben von der Wirtsstube an der Glastüre vorbei zur Toilette. „Da ist einer", rief ein Polizist und aus dem Lokal ertönte „Halt ihn doch!" Hatten sich die Gangster möglicherweise in dem Gasthaus verschanzt? Vorsichtig pirschten sich die Ordnungshüter von hinten über „die Miste" an den Fluchtort heran. Der Rest war Routinesache. Bald befand sich das Lokal unter polizeilicher Kontrolle. Da saßen sie nun am Tisch, die honorigen Steinauer Bürger. „Licht an!" Die barsche Stimme des Gendarmen ließ die Wirtsstube erleuchten. „Wer ist hier eigentlich der Wirt? Was geht hier vor? Die Ausweise bitte!" – Verblüffung und Grinsen wechselten auf den Gesichtern der „Gangster". Natürlich war inzwischen auch längst die Sperrstunde überschritten. Klar, daß bei dieser Gelegenheit die Kunden gleich abkassiert wurden. Man zahlte auch, ohne zu murren!

Ja, was war eigentlich wirklich geschehen? Wieso das ganze Spektakel? Der Kronzeuge der Polizei stand wie angewurzelt im Raum und mußte das beißende Zischen der Verhörten über sich ergehen lassen. Dennoch, es war eine lustige Angelegenheit, die noch heute, nach fast 20 Jahren, an den Stammtischen Gelächter hervorruft, wenn ein Beteiligter den Hergang der Ereignisse schildert.

Ein Steinauer Kommunalpolitiker hatte sich so über den nachträglichen Einzug ins Stadtparlament gefreut, daß er gleich nach seiner ersten Sitzung zu einem Umtrunk im besagten Lokal einlud. In gemütlicher Runde machte plötzlich jemand den Vorschlag, im Keller noch ein paar Schüsse auf die Scheibe abzugeben. Es war auch nicht das erste Mal, daß man auf diese Weise den schlechtesten Schützen mit einer Runde Bier „bestrafte". Die Gesellschaft begab sich daher in die Kellergewölbe. Zuerst lud man die Kleinkalibergewehre mit kleiner Munition, doch die kleinen Kugeln waren bald verschossen. Man „stieg auf kräftigere" 22 mm lange Patronen um und ballerte auf die Zielscheibe. Peng – peng – die Schüsse hallten im Gewölbe und drangen natürlich auch nach draußen und lösten die geschilderten Ereignisse aus.

Bleibt noch nachzutragen, daß sich der Parlamentsnachrücker, der zum „gemütlichen Abend" eingeladen hatte, dem Zugriff der Polizei dadurch entzog, indem er sich in der Nebenstube unter einem herabhängenden Tischtuch verkroch.

Jäger beim Skat von Keiler überrascht

Manch' schönes Ausflugslokal liegt verträumt am Waldesrand, da wo sich Fuchs und Hase „Gute Nacht" sagen und vermittelt den Gästen Ruhe und Behaglichkeit. Nicht selten macht dort auch der Weidmann Rast, nachdem er stundenlang vergeblich auf einem nahegelegenen Hochsitz ausgeharrt hatte und ihm dennoch nichts, aber auch gar nichts vor die „Flinte" gelaufen war.

Beim Willi Müller in der Gaststätte „Zur Tropfsteinhöhle", oberhalb des Steinebaches und unweit des Teufelsloches, da trifft man sich regelmäßig am Samstagnachmittag zum deftigen Skat, nachdem man draußen im Revier noch einmal „nach dem Rechten gesehen" hat. Und Jägersmann wie Wanderer sitzen einträchtig beieinander und berichten von ihren Beobachtungen im Wald. Nicht

selten bekommt der aufmerksame, aber laienhafte Zuhörer seinen „Bären aufgebunden", man nennt dies kurz und bündig „Jägerlatein".

Wir schreiben den 18. Februar 1984, es ist wieder einmal Samstagnachmittag. Bürgermeister Heinz Désor, selbst erfahrener Weidmann, der Stoppels Hans und andere sitzen in der gemütlichen Wirtsstube und spielen Skat. Draußen lugt die Sonne durch einen dünnen Nebelschleier, aber es ist bitter kalt. Eigentlich aber ein Samstag, wie jeder andere – meint man!

Nebenan im Sälchen sitzen einige Gäste. Sie nutzen das Lokal für eine kurze Rast. So ganz nebenbei fragen sie die kleine Wirtstochter, seit wann man eigentlich Schafe und Wildschweine draußen im „Pirch" gemeinsam hege? Das Mädchen faßt sich ungläubig an den Kopf und eilt zum Fenster. Tatsächlich, ein Wildschwein, ganz nah am Haus! Doch plötzlich ist das Tier wie vom Erdboden verschluckt. Stattdessen poltert es laut im Keller unter dem Sälchen. „Die Sau ist im Keller!" Die Karten fliegen auf den Tisch, Wirt und Jäger springen auf, der Bürgermeister eilt durch die Küche ins Freie, um das Gewehr aus seinem Auto zu holen. Doch er kommt zu spät.

August Quant, ein leidenschaftlicher Wanderer, hat inzwischen auf der Veranda seine Spähposition bezogen, als plötzlich Scheiben klirren. Wenig später rennt ein mächtiger Keiler an einigen verdutzten Gesichtern vorbei, zwischen den Schafen hindurch, über die Wiese in den angrenzenden Wald hinein. Bürgermeister, Wirt und einige Gäste nehmen sofort die „Spurensicherung" auf, um den unglaublichen Vorgang zu rekonstruieren. Eine Inspektion der Kellerräume erbringt die Gewißheit, daß die Wildsau durch ein angelehntes Fenster mühelos eingedrungen war. Offensichtlich in Panik geraten, machte das Tier an mehreren geschlossenen Fenstern den Versuch, wieder ins Freie zu gelangen und richtete dabei beträchtlichen Schaden an. Doch das verzweifelte Bemühen des Keilers scheiterte, zumal auch der offene Fensterflügel inzwischen wieder zugeklappt war. Mit einem gewaltigen Hechtsprung muß sich das Tier durch das 1,20 m hohe Fenster ins Freie gerettet haben. Die Scheibe ging dabei zu Bruch. Trotz sofortiger Aufnahme der Fährte durch einen Jagdhund konnte das Tier nicht mehr aufgespürt werden.

Schon wenige Stunden später kursierten die tollsten Versionen dieses Vorganges „den Stadtberg hinauf und hinunter". Wollte etwa eine Wildsau denjenigen Jäger persönlich aufsuchen, der im Jagdjahr bereits acht ihrer Artgenossen weidmännisch erlegte und um Gnade bitten? Oder wollte der Keiler einfach nur mit den Jägern die Abschußmodalitäten regeln?

Der später am Tatort erschienene Fritz Frischkorn – der Vorfall war in seinem Revier passiert – konnte oder wollte darauf keine Antwort geben. Resümierte der Bürgermeister kurz, aber treffend: „Die (Sau) wollte einfach nur den Träger der ‚Goldenen Sau' kennenlernen!"

Eingeweihte, so wurde auf Anfrage bestätigt, wüßten, was mit diesem Ausspruch gemeint war. Für den Laien ist die Tatsache schon etwas merkwürdig, daß ein Wildschwein seinen Jägern hinterherläuft. Dennoch wurde durch Zeugen belegt: Diese Geschichte ist kein Jägerlatein.

Unser Städtchen Steinau

von Anna Reiners

Im Kinzigtale liegt ein Städtchen
von Wäldern herrlich eingesäumt,
von Wiesen, Feldern ringsumgeben,
so liegt es da, friedlich verträumt.

Ist meiner Kindheit schönste Stätte,
wo ich so froh und glücklich war,
die Bilder reih'n sich wie 'ne Kette
in der Erinnerung immerdar.

Weilen manche von dir ferne,
von dir, du Stadt im Kinzigtal,
erblicken sie des nachts die Sterne,
sie lassen grüßen tausendmal.

Und wird es Frühling in dem Tale,
Störch' und Schwalben zu uns zieh'n,
die Sehnsucht treibt sie jedes Male
zu unserem lieben Städtchen hin.

Das Schloß mit seinem hohen Turme,
das Rathaus steht in seiner Näh',
sie trotzten schon so manchem Sturme
viele hundert Jahre sie besteh'n.

Die alten Winkel, schmalen Gäßchen,
sie strahlen noch die Ruhe aus,
die einst besessen unser Städtchen.
Sie übertrug sich in jedes Haus.

In unseren Mauern ein Gebäude,
idyllisch liegt zur Kinzig hin,
dort wohnten einst berühmte Leute,
die Märchendichter Brüder Grimm.

Auch ihnen brachte unser Städtchen
viel Freude und Geborgenheit,
die alte Linde in dem Hofe
erlebte ihre Jugendzeit.

Den Märzborn möcht' ich auch erwähnen,
er singt sein Lied bei Tag und Nacht,
sein Wasser soll die Kranken nähren,
so wurd' seit altersher gedacht.

Und im Versteck, da sprudelt helle
das Wasser von der Stadtbornquelle,
dort sah man fleiß'ge Wäscherinnen
beim Waschen ihrer hausmacher Linnen.

Vergangen sind schon viele Jahre,
wo ich als Kind gespielet hab',
die Eltern, Geschwister und auch Freunde
sie ruhen längst im kühlen Grab.

Das Leben aber hastet weiter,
Menschen kommen und sie geh'n.
Ich wünsche uns'rem lieben Städtchen,
all Freud' und Leid mög's übersteh'n.

Bei folgenden Bürgerinnen und Bürgern, Vereinen, Institutionen oder Firmen bedanken wir uns für die Mithilfe an der Herausgabe dieses Steinauer Heimatbuches:

Staatsministerin für Wissenschaft und Kunst	Wiesbaden
Frau Dr. Vera Rüdiger	Wächtersbach
Herrn Kultusminister Karl Schneider	Wiesbaden
Archiv der Kinzigtal-Nachrichten	
Norbert Stelnzel und Karl Hahn	Schlüchtern
Fuldaer Zeitung, Parceller & Co.	Fulda
Jenaplanschule Ulmbach	Steinau-Ulmbach
Herrn Rektor Karl-Heinz Willführ	
Freiwillige Feuerwehr	Steinau
Chorgemeinschaft „Vorwärts"	Steinau
Herrn Helmut Balzer	Ringstraße
Frau Margot Bartel	Langenselbold
Familie Hans Bensel	Vogelsberger Straße
Familie Philipp Bensel	Ringstraße
Frau Gretel Becker	Wächtersbach
Familie Alfred Bender	Brüder-Grimm-Straße
Familie Georg Cron	Fuchsberg
Frau Liesel Cress	Brüder-Grimm-Straße
Frau Margarete Damm	Brüder-Grimm-Straße
Frau Margarete Dummler	Vogelsberger Straße
Frau Marie Dernesch	Waldarbeitersiedlung
Herrn Falko Fritzsch	Schlüchtern
Herrn Rudolf Falk	Herolz
Frau Berta Freund	Sudetenstraße
Frau Hermine Gruber	Judenackerstraße
Herrn Adolf Grammann	Schlüchtern
Herrn Oskar Hegen	Ohlstraße
Familie Karl Hellwig	Spessartstraße
Herrn Eberhard Hix	Hanau
Familie Heidenreich	Ulmbach
Herrn Willi Hüfner	Burgweg
Familie Heinrich Hildebrand	Bellingertor
Herrn Alfred Hasenstein	Bahnweg
Familie Hans Hufnagel	Taunusstraße
Familie Rolf Kohnert	Am Hollerain
Frau Sofie Kassner	Oppenau
Frau Ilse Lott	Frankfurt-Höchst
Familie Willi Müller	Mooshecke
Frau Marie Merz	Burgweg
Familie Udo Markgraf	Johannes-Menge-Straße
Frau Ilse Müller	Schlüchtern
Herrn Karl-Heinz Porcezinska	Brüder-Grimm-Straße
Frau Anna Reiners †	Steinau
Familie Erich Reiners	Pfingstbornstraße
Frau Anna Romeiser	Bahnhofstraße
Herrn Heinz Rüttger	Johannes-Menge-Straße

Frau Isolde Sukrow	Bräuningshof
Familie Edgar Seemann	Hasenbergstraße
Familie Josef Sauer	Brüder-Grimm-Straße
Herrn Heinrich Sauer	Alte Straße
Frau Gustel Schmidt	Rhönstraße
Herrn Heinrich Spielmann	Brüder-Grimm-Straße
Herrn Adam Schäfer	Ziegelgasse
Familie Heinz Schmidt	Hainburg
Herrn Helmut Schlegel	Fuchsberg
Herrn Werner Strott	Schlüchtern
Frau Liesel Tripp	Bellingertor
Herrn Johannes Ullrich	Im Wolfsgrund
Familie Georg Ullrich	Salmünster
Frau Emma Vogeley †	Steinau
Herrn Anton Tripp	Düsseldorf
Herrn Walter Wälde	Sennelsbachweg

Unsere Neuerscheinungen

Gerhard Freund und Klaus Laufer schrieben in lockerer Form einen reich bebilderten, sagen- und märchenhaften Radwanderführer für die Deutsche Märchenstraße:

- 44 Stationen von Hanau nach Bremen in Wort und Bild
- Sagen- und märchenhafte Geschichten auf den Spuren der Brüder Grimm
- 2 Übersichtskarten, 24 topographische Karten mit Streckenmarkierung und übersichtlicher Routenbeschreibung
- Adressen und Telefonnummern aller Verkehrsämter, Campingplatz- und Jugendherbergsverzeichnisse
- Checkliste für die Tourvorbereitung

Preis 24,50 DM
im Märchenstraßen-Verlag
und in allen Buchhandlungen

Kunstdruckmappe kőnig Drosselbart

mit Motiven aus der Märchenstadt Steinau a. d. Straße, dem Jugendparadies der Brüder Grimm.

5 Bleistiftzeichnungen im Format 30 × 40 mm, gezeichnet von Eddie Paul Pfisterer mit dem Originaltext aus den Kinder- und Hausmärchen der Brüder Grimm von 1812.

Ein ideales und passendes Geschenk in den Grimm-Jahren von 1985/86.

Erhältlich im Märchenstraßen-Verlag zum Preis von 28,– DM.

Märchenstraßen-Verlag Evelyn Freund
Taunusstraße 26 · 6497 Steinau a. d. Straße · Telefon (06663) 5326